KB129420

스토리 답사 여행

역사의 물길을 바꾼 결정적 장면들

정명섭 지음

㈜자음과모음

차례

발끝으로 느끼는 역사의 결정적 순간들

종각역에서 나와서 종로타워를 지나 조계사까지 걷다 보면 '우정국로'라는 표지판을 볼 수 있다. 매일 수많은 사람이 그곳을 지나치지만 왜 그런 이름이 붙었는지 깊게 고민하는 사람은 거의 없을 것이다. 이 거리 이름에 담긴 비밀은 조계사 옆에 있는 작은 기와집을 보면 알 수 있다. 정확히는 그 기와집에 세워진 어떤 관청 때문이다. 근대 우편 및 통신 제도를 도입하기 위해 세워진 우정국은 조선이 근대화를 향해 나아가는 상징이었다. 그러나 창립 축하 연회가 피바다로 바뀌면서 또 다른 유명세를 탄다.

그 자리에서 보수파 대신들을 없애고 고종을 설득하여 개화를 추진하려던 김옥균은 현장이 혼란에 빠지자 동료들과 함께 담장을 넘어 창덕궁으로 향한다. 그리고 고종과 중전 민씨를 설득해서 경우

7

궁으로 옮겨 가는 데 성공한 후, 나름의 개혁정책을 추진하려고 한다. 그동안 고종과 김옥균은 이재원의 집을 거쳐 다시 창덕궁으로 돌아왔다가 청군의 개입으로 북문을 통해 빠져나온다. 그러고는 성난 군중과 청나라 병사들에게 쫓겨서 허겁지겁 근처에 있는 삼일로를 따라 일본 공사관으로 도망쳐 들어간다. 김옥균이 우정국을 나와서 창덕궁으로 향하던 발걸음에는 희망과 설렘이 묻어 있었지만, 창덕궁에서 도망쳐 삼일로를 따라 일본 공사관으로 갔을 때의 발걸음에는 절망과 공포감이 배어 있었을 것이다.

강화도를 여행하다 보면 '돈대'라고 불리는 작은 성곽들과 마주친다. 어떤 돈대들은 산꼭대기에 덩그러니 놓여 있다. 여행객 대부분은 왜 이곳에 돈대가 있고, 어떤 역할을 했는지도 모른 채 지나친다. 조선시대에 강화도는 지금으로 치면 국경선 같은 곳이었다. 돈대는 모두 성벽으로 이어져 있었고, 진무영이라는 군대가 주둔하여 그곳을 지키고 있었다. 하지만 세월이 흐르면서 돈대들을 연결한 성벽은 모두 사라졌다. 간척 사업으로 바다였던 곳이 육지로 변하면서 돈대 앞의 바다도 육지로 변하고 말았다. 140년 전, 이곳에서 프랑스군과 미군이 조선군과 전투를 벌였다는 사실은 표지판의 글귀와 흐릿한 흑백사진으로만 남아 있다. 미군이 손돌목돈대를 공격하기 위해 북상했던 길은 이제 여행객들을 위한 코스가 되었다.

우리가 무심코 지나치는 길에는 이렇게 역사가 처연한 흔적을 남긴 채 묵묵히 세월을 견뎌 내고 있다. 코로나19로 당장 여행을 떠나기는 힘들어졌다. 우선은 책으로라도 여행을 즐겼으면 좋겠다. 틀에 박힌 여행에서 벗어나 지나온 역사에 눈길을 돌려 보면 서울 한복판이 하와이가 될 수도 있고, 뒷산이 에베레스트가 될 수도 있다. 우리가 문화유적을 보면서 아무런 감흥을 느끼지 못하는 건 그것이 가지는 의미를 알 수 없기 때문이다. 왜 그 시대 사람들이 그 길을 가야 했는지 알게 된다면 길가에 있는 표지석 하나, 옛 건물 하나가 달리 보일 것이다. 우리가 딛고 있는 이 길은 수백 년간의 역사가 만들어 낸 또 다른 역사이기 때문이다.

주변의 도움으로 이 책을 완성할 수 있었다. 도와주신 모든 분께 깊이 감사드린다. 특히 강화도를 두 번이나 같이 답사한 최민석 작가에게 큰 감사의 말씀을 전한다.

2020년 가을
정명섭

1

외세와
격돌한
결정적 장면

필사의 탈출
아관파천

"거참, 괴이한 일이야."

비쩍 마른 가마꾼 김 씨의 말에 바닥에 쪼그리고 앉아 있던 가마꾼 박씨가 물었다. 아직 쌀쌀함이 가시지 않은 이른 시간이라 허연 입김이 흘러나왔다.

"뭐가?"

"나라님이 있는 궁궐인데 왜 죄다 왜놈 병정들이 지키고 있냐 이 말이지."

김 씨가 턱으로 가리킨 창덕궁의 금호문 앞에는 검정색 제복에 총검을 꽂은 총을 어깨에 멘 일본군이 경계를 서고 있었다. 피식 웃은 박

씨가 패랭이에 꽂아 둔 곰방대를 꺼내면서
대꾸했다.

"작년에 그 일이 나고부터 왜놈들 세상인
데, 뭘. 영의정이건 누구건 임금님보다는
왜놈 영사 눈치부터 본다잖아."

"이러다 무슨 일이 나는 거 아닌지 몰라!"

김 씨가 목청을 높이자 주변에 있던 다른 가마꾼과 경마잡이가 희미
하게 웃는 것으로 대답을 대신했다. 금호문은 주로 관리들이 이용하
는 문이라 그들이 타고 온 가마나 말을 모는 가마꾼과 경마잡이가 잔
뜩 있었다. 주인이 퇴궐할 때까지 죽치고 앉아서 기다리는 수밖에는
없었다. 배운 게 없고, 가진 게 없지만 호기심 하나만큼은 한양 제일
이라고 자부하는 김 씨는 연신 고개를 갸웃거렸다. 그런 김 씨를 본
박 씨가 퉁명스럽게 대꾸했다.

"거, 입조심 좀 해. 그러다 나까지 곤란하게 하지 말고."

"세상이 시원찮게 돌아가니까 그렇지. 작년에 그 난리가 났는데……."

충남 천안 출신인 김 씨는 청나라와 일본이 격돌한 전투를 떠올리면
서 고개를 절레절레 저었다. 사방으로 총알과 포탄이 날아다니며 그
야말로 아비규환이었다. 포탄에 맞은 초가집이 폭삭 내려앉아 일가
족이 몰살당했고, 총소리에 놀라 무작정 뛰쳐나갔다가 총에 맞은 아
이들도 있었다. 난리 통에 집이 불타 버린 김 씨는 할 수 없이 한양으

로 올라와 말과 가마를 빌려주는 마계전馬契廛에서 가마꾼 노릇을 했다. 조선을 두고 청나라와 일본이 벌인 전쟁은 모두의 예상과는 다르게 일본이 압승했다. 그때만 해도 왜놈 세상이 될 줄 알았다. 하지만 갑자기 아라사와 불란서, 덕국[1]이 손을 잡고 압박하면서 기세가 푹 꺾이고 말았다.

그사이에 중전 민씨가 아라사와 손을 잡는다는 풍문이 돌았는데 전해에 일본군과 그들에게 교육받은 훈련대가 갑자기 경복궁에 난입해서 중전 민씨를 죽이는 해괴한 일이 벌어졌다. 그 후, 일본을 등에 업은 관리들이 조정을 장악하고 단발령을 시행했다. 지방 유림[2]들은 목을 자를지언정 머리카락을 자를 수는 없다고 강력하게 반발하면서 의병을 일으켰다. 덕분에 지방에서는 하루가 멀다 하고 의병과 관군, 일본군이 전투를 벌였고, 사상자가 발생했다는 소식들이 들려왔다.

불안한 날들이 이어졌지만 가족을 먹여 살리기 위해서 그나마 가마꾼 노릇이라도 할 수 있는 게 다행이라는 생각에 김 씨는 한숨을 푹 쉬었다. 원래 일이 없는 날인데 궁궐에 들어간 엄 상궁과 몸종의 사인교四人轎를 메라는 마계전 주인의 말에 얼씨구나 하고 달려온 것이다. 하지만 감감무소식이라 짜증과 궁금증이 일어났다. 한숨을 푹 쉰 김 씨

1 아라사는 러시아, 불란서는 프랑스, 덕국은 독일을 이르는 옛말이다.
2 유학의 가르침을 신봉하고 따르는 사람을 이르는 말. 양반의 다른 명칭으로 쓰였다.

가 금호문 쪽을 기웃거렸다.

"금방 나온다더니 소식이 없네."

김 씨의 말에 곰방대 대통에 썬 담배를 꾹꾹 눌러 담던 박 씨가 혀를 찼다.

"어허, 느긋하게 기다리라니까. 어차피 하루치 일당 다 받았잖아."

"일찍 끝나면 왕십리에 가서 채소 좀 떼어 오려고 했지."

"그러다 몸 축나면 애써 번 돈 다 날리는 거야."

박 씨가 소매에서 성냥을 꺼내 불을 붙이려고 하자 다른 가마꾼과 경마잡이가 우우 몰려왔다. 담배에 불을 붙인 박 씨가 성냥을 건네자 다른 가마꾼이 굽실거리며 재빨리 곰방대 대통에 올려놓고 물부리에 입술을 댄 채 힘껏 빨았다. 그걸 본 박 씨가 감탄사를 내뱉었다.

"세상이 좋아지긴 좋아졌어. 부싯돌로 담배에 불을 붙이려면 한나절은 걸렸는데 슬쩍 한 번 당기면 그만이잖아. 어디 그뿐이야? 석유인가 뭔가로 켜는 남포등은 등잔불보다 몇 배나 밝고 그을음도 없잖아."

담배를 빨던 박 씨가 김 씨를 바라봤다.

"그러니까 너무 불안해하지 말고 두 눈 부릅뜨고 세상을 지켜봐. 이런 세상일수록 우리 같은 무지렁이에게 기회가 오니까 말이야."

"에이, 설마."

"설마라니, 자네도 북청 물장수 이용익 이야

기 들었지? 임금 눈에 들어서 단천부사에 임명되었잖아.”

“그 사람이야 하루에 100리씩 뛰어서 임금이 중전과 연락하게 해 줬으니까 그렇고.”

“사람이 어떻게 100리를 뛰어?”

누런 이를 드러낸 박 씨의 말에 김 씨가 코웃음을 쳤다.

“출세만 한다면 그깟 100리가 대수겠어.”

그렇게 웃고 떠드는 사이에 금호문에서 사인교 두 대가 차례대로 나왔다. 지키고 있던 일본군이 잠시 앞을 막아섰다가 젊은 관리와 눈인사를 하고는 물러났다. 엉덩이를 털고 일어난 두 사람이 다가가자 젊은 관리가 수염을 쓰다듬었다.

“서둘러 가야 하니까, 따라가다가 가마꾼이 지치면 지체 없이 바꿔 메도록 해라.”

이미 품삯을 두둑하게 받은 두 사람은 군소리 없이 허리를 숙였다. 사인교가 곧바로 출발하자 두 사람은 종종걸음으로 따라갔다. 두 대의 사인교는 경복궁 옆에 있는 금천교를 지나 사직단 쪽으로 향했다. 앞장선 청지기는 물러나라는 소리도 하지 않고 빨리 가라고 재촉만 할 뿐이었다. 그러다 종침교 부근에서 뒤쪽 가마를 메고 가던 가마꾼이 지친 기색을 내보였다. 김 씨가 지체 없이 교대를 했다. 멜빵에 걸린 장대를 어깨에 걸친 김 씨가 저도 모르게 얼굴을 찡그렸다.

"어이구, 이게 왜 이렇게 무거워? 궁궐에서 맛있는 거라도 많이 드셨나?"

잠시 짬을 얻은 가마꾼들이 낄낄거리는데 청지기가 얼굴을 찡그렸다.

"헛소리 함부로 하지 말고 얼른 가자."

"예예!"

심기를 불편하게 했다가는 무슨 일이 일어날지 모른다고 생각해서 김 씨는 서둘러 발을 맞췄다. 경희궁 앞 야주개를 넘자 새문안길이 나왔고, 길 너머로 하얀 아라사 공사관이 보였다.

아관파천俄館播遷의 출발점

경복궁 영추문迎秋門 앞에 서면 여기저기 오가는 사람들과 바로 앞의 차도를 씽씽 달리는 차들로 정신이 없다. 다들 바쁘게 오가면서 길옆에 선 영추문을 무심하게 지나쳐 간다. 영추문은 그저 경복궁의 서문일 뿐이다. 심지어 바로 옆을 지나가는 전차의 진동 때문에 1926년 무너진 것을 1975년에 다시 세우면서 원래 위치보다 남쪽으로 약 45미터 정도 옮기는 바람에 역사적인 가치도 다소 퇴색된 편이다. 하지만 본디의 영추문은 조선을 뒤흔든 필사의 탈출이 시작된 곳이기도 하다.

고종高宗이 엄 상궁의 가마에 몸을 숨기고 러시아 공사관으로 피난을 떠난 이유를 찾다가 '나비효과'라는 단어가 떠올랐다. 따로 놓고 봤을 때는 별 연관이 없어 보이는 사건들이 사실은 밀접한 관계가 있기 때문이다. 시작은 청일전쟁이 끝난 직후인 1895년 4월 23일, 도쿄 주재 러시아, 독일 그리고 프랑스 공사가 일본 외무성에 가서 서류를 하나 제출하면서부터였다.

역사 교과서에 '삼국간섭'이라고 나와 있는 이 일은 세 나라가 일본이 패전한 청나라로부터 랴오둥반도(요동반도)를 할양割讓받으려는 움직임에 제동을 걸고 나선 것이다. 부동항不凍港을 얻고자 했던 러시아가 주도한 이 사건은 승리에 취해 있던 일본에게는 큰 충

경복궁의 서문인 영추문. 바로 앞 인도와 차도는 늘 사람과 차들로 북적거린다.

격으로 다가왔다. 혼자서 세 나라를 상대할 수는 없었고, 다른 서구 열강이 모른 척하자 일본은 결국 백기를 들고 만다.

그리고 이 일은 청일전쟁이 일본의 승리로 끝나면서 위기감을 느끼고 있던 고종과 중전 민씨에게 새로운 돌파구처럼 보였다. 중전 민씨는 일본의 간섭에서 벗어나기 위해 적극적인 친러 정책을 펴기 시작했다. 그러자 이번에는 조선을 거의 손아귀에 넣었다고 생각하던 일본이 위기감을 느끼고 결단을 내리게 된다. 그 결과가 바로 우리가 알고 있는 을미사변乙未事變이다.

일본은 이 일을 조선 내부의 갈등으로 벌어진 사건으로 포장하기 위해 훈련대를 동원하고 대원군을 끌어들였지만 러시아 건축가 세레딘사바틴과 미국 장교 다이를 비롯한 외국인들이 을미사변을 목격하면서 일본의 음모는 낱낱이 밝혀진다. 결국 주요 가담자들을 체포해서 수감하지만 그것으로 끝이었다. 11월 28일 춘생문사건春生門事件이 터지면서 일본은 가담자들을 모두 석방해 버린다. 춘생문사건은 아내가 죽고 일본의 간섭이 심해지면서 사실상 경복궁에 유폐된 신세나 다름없던 고종의 1차 탈출 계획으로 일어난 무력 충돌 사건이었다. 고종의 측근과 정동파라고 불리는 관료들, 그리고 외국인 선교사들이 가담한 이 계획은 고종을 궁 밖으로 탈출시켜서 미국 공사관으로 대피시키려는 것이었다.

친위대 수백 명이 경복궁 북쪽의 춘생문을 돌파하려고 했지만 친위대장 이진호의 밀고로 실패한다. 만약 성공했다면 아관파천이 아니라 미관美館파천이 되었겠지만 이 일로 고종은 더 큰 위기에 빠지고 만다. 군대를 동원한 계획이 실패로 돌아가면서 일본군의 경계가 한층 강화되었기 때문이다. 이때 나선 사람이 바로 엄 상궁이었다. 원래 궁녀였던 그녀는 고종의 총애를 받았는데 중전 민씨에 의해 궁 밖으로 쫓겨났다가 을미사변 직후 돌아온다. 『매천야록梅泉野錄』을 쓴 황현은 이를 두고 부인이 죽은 지 며칠 되지도 않았는데 다른 여인을 불러들였다고 크게 비난한다. 하지만 당시 고종은 다른 여인에게 눈독을 들일 만한 상황이 아니었다. 독살에 대한 걱정 때문에 서양 선교사들이 가져온 음식만 먹어야 했던 처지였기 때문이다.

필사의 승부수

바깥출입이 자유로웠던 엄 상궁은 고종을 위한 새로운 탈출 계획을 짠다. 일단 대규모 인원을 동원하는 것은 춘생문사건처럼 밀고자가 발생할 우려 때문에 제외된다. 그렇다면 남은 방법은 단 하나, 고종이 궁 밖으로 몰래 탈출하는 것뿐이었다. 하지만 춘생문사건 이후 궁궐의 경계가 강화되었기 때문에 쉽지 않은 일이었다. 게다가 고종이 탈출해도 세자가 문제였다. 탈출에 성공한다면 고종을 폐위시키고 인질로 잡고 있던 세자를 새로운 왕으로 삼을 수 있는 상황이었다. 결국 두 사람이 한꺼번에 궁궐 밖으로 탈출해야만 했다.

　그런데 왜 러시아 공사관이었을까? 그것은 당시 일본과 가장 대립각을 세우던 나라가 바로 러시아였기 때문이다. 삼국간섭을 통해 일본의 랴오둥반도 점령을 막은 러시아의 다음 목표는 당연히 한반도였다. 부동항을 얻고 태평양으로 진출하기 위해서였는데 당연히 조선을 집어삼키려는 일본과 사이가 좋지 않았고, 고종은 그 점에서 희망을 봤다. 1896년 1월, 고종은 측근인 이범진을 통해 러시아

전임 공사 베베르와 신임 공사 슈페이에르에게 자신을 도와달라는 내용의 밀서를 전달한다. 밀서를 받은 두 사람은 조선에서 러시아의 영향력을 확대할 수 있는 절호의 기회라는 사실을 깨닫고 승낙한다. 그리고 제물포에 정박해 있던 러시아 해군의 병력을 러시아 공사관으로 불러들여 만반의 준비를 한다.

이제 준비는 완료되었지만 가장 큰 난관인 궁궐 밖으로의 탈출이 남아 있다. 과연 고종은 어떤 방법을 써서 궁궐 밖으로 나갔을까? 이제 1896년 2월 11일 새벽으로 돌아가서 그 길을 걸어 보자. 그날 새벽 졸린 눈을 비비면서 영추문을 지키고 있던 일본 수비병의 눈에 밖으로 나가는 가마 두 대가 보였을 것이다. 신부가 타고 다니는 뚜껑 달린 가마인 사인교였다. 물론 경계를 엄중히 하라는 상부의 지시가 내려지긴 했지만 궁녀가 타고 있을 가마를 열어 보는 건 매우 어려운 일이었다. 만약 사명감이 투철한 수비병이 가마를 살펴봤다고 해도 궁녀밖에는 못 봤을 것이다. 왜냐하면 고종과 세자는 궁녀 뒤에 바짝 웅크린 채 숨어 있었기 때문이다. 창피한 모습이지만 그것은 아내를 잃고 자신의 목숨조차 위태로웠던 한 남자가 던지는 필사의 승부수였다. 이미 춘생문사건으로 감시가 심해진 상태에서 일어난 일이라 또다시 실패했다면 고종의 퇴위는 1907년이 아니라 1896년에 일어났을 것이다.

궁궐을 빠져나온 가마들은 어디로 향했을까? 경복궁 담장을 끼고 정부서울청사 사거리 방향으로 쭉 내려가다 보면, 오른쪽에 자하문로2길이라는 팻말이 붙은 골목길이 보인다. 그 골목길을 빠져나가면 도로가 보일 것이다. 예전에는 이곳에 하천이 있고 돌다리가 있었는데 그 다리 이름이 금천교禁川橋였다. 지금은 모두 도로로 변했지만 금천교시장이라는 이름이 남아서 과거의 정취를 느끼게 해 준다. 궁궐을 빠져나온 가마들은 이 다리를 건넜다.

한말韓末이나 일제강점기의 지도들을 보면 영추문은 지금보다 북쪽에 있었다. 아마 걸어가다가 길 건너편에서 본 두 개의 골목길과 마주 보는 곳에 있었을 가능성이 높다. 만약 그랬다면 지금처럼 담장을 따라서 내려가지 않고 곧장 길 건너편의 골목길인 자하문로10길로 들어갔다가 왼쪽으로 튼 다음, 자하문로를 따라 남쪽으로 내려와서 금천교를 건넜을 것이다. 금천교를 건넌 가마들은 사직로를 따라 이동한다. 가다 보면 우람한 서울지방경찰청 건물이 눈에 들어온다.

새문안로3길이라고 불리는 이곳부터는 걷기가 그나마 수월해진다. 지나가는 차량도 적고, 가로수가 많아서 햇살을 막아 주기 때문이다. 사실 한 블록 옆에 있는 정부서울청사 사거리로 넘어오는 게 더 편하긴 하지만 궁궐을 지키는 일본군 병사의 눈을 피하기 위해 이 길을 택했을 것이다. 지금은 고층 오피스텔로 가득한데 고종이 몸을 숨긴 가마가 지나갔을 때는 오피스텔이나 서울지방경찰청 대

신 궁궐에 필요한 물품을 조달하는 내수사와 임금의 시호를 정하고
제사를 지내는 봉상시라는 관청이 나란히 있었다. 그리고 서울지방
경찰청 자리에는 인조仁祖의 잠저潛邸[3]였던 어의궁於義宮이 있었다.
내수사 앞길은 경복궁 광화문에서 사직으로 가는 길이기 때문에 고
종에게도 익숙했다. 물론 그때는 어마어마한 호위 병력과 함께 움
직였지만 이때는 도망자 신세나 다름없었다.

한 나라의 군주 혹은 도망자

여기서 고종을 태운 가마는 종침교琮沈橋라는 다리를 건너갔을 것
이다. 이 다리에는 재미있는 전설이 있다. 성종 때 재상을 지낸 허
종許琮과 허침許琛 형제가 말을 타고 궁궐로 가는 중이었다. 성종이
왕후인 윤 씨를 폐비시키기 위해 신하들을 모두 불러 모은 것이다.
두 형제는 다리를 지나다가 일부러 말에서 떨어졌고 다쳤다는 핑계
로 회의에 빠졌다.

　결국 윤 씨는 폐비가 되었다가 사약을 먹고 죽었고, 아들인 연산

3　정상 법통이 아닌 다른 방법이나 사정으로 임금으로 추대된 사람이 왕위에 오르기 전에 살
　던 집을 말한다.

　필사의 탈출 – 아관파천

군燕山君은 왕위에 오른 다음에야 이 사실을 알게 된다. 화가 난 연산군은 어머니를 죽이는 데 가담한 신하들을 모두 처벌한다. 심지어 오래전에 죽은 한명회의 무덤을 파헤쳐서 시신의 목을 베기까지 했다. 이때 허종과 허침은 무사할 수 있었고, 사람들은 두 사람의 이름을 따서 이 다리를 종침교라고 불렀다. 이곳에 세워진 종교교회도 바로 이 다리에서 이름을 따왔다고 한다. 다리는 사라졌지만 교회로 이름이 남은 셈이다.

계속 남쪽으로 내려가면 길이 좁아지고 양 옆의 고층 오피스텔 덕분에 터널을 걷는 것 같은 기분이 든다. 차들이 별로 다니지 않아서 걷기는 더 좋다. 조금 걷다 보면 오피스텔들이 끝나는 시점에 야트막한 언덕이 나온다. 사실은 언덕이라고 부르기 민망할 정도로 낮지만 조선시대 때는 야주개라는 이름의 고갯길이었다. 이런 이름으로 불리게 된 이유는 고개 너머에 있는 경희궁 때문인데 정문인 흥화문興化門의 현판 글씨가 빛이 날 정도의 명필이라서 이 고개 너머까지 번쩍거렸기 때문이다. 덕분에 밤에도 빛을 볼 수 있는 고개라는 뜻으로 야주개, 야조현夜照峴이라고 불린 것이다. 나중에는 경희궁까지 야주개 대궐이라고 불렸다.

지금 이 언덕길에는 멋들어진 모습의 오만 대사관과 한글회관이 자리 잡고 있다. 흔적만 남은 야주개 길을 내려오면 큰 사거리와 만나게 된다. 오른쪽에는 구세군회관이 있고, 왼쪽에는 금호아트홀이 있다. 이 길은 새문안로라고 불리는 곳으로 돈의문敦義門과 연결된다. 오른쪽에 서울역사박물관이 보일 것이다. 이곳은 약간 오르막인데 조선시대에는 새문고개라고 불렸다. 이름의 유래는 잠시 후에 알아보고, 일단 서울역사박물관 쪽으로 올라가 보자.

지금은 박물관이지만 예전에는 여기도 경희궁이었다. 경희궁을 본 고종은 거의 다 왔다는 안도의 한숨을 쉬었을 것이다. 하지만 동시에 참담함도 느꼈을 것이다. 한 나라의 국왕이 아내를 잃고, 자신도 겨우 빠져나와서 외국 공사관으로 도망치는 중이었으니까 말이다. 어쨌든 고종과 세자를 태운 가마는 부지런히 새문고개를 올라간다. 서울역사박물관을 지나면 오른쪽 언덕길 위에 흥화문이 보인다. 일제강점기에 접어들면서 서울의 궁궐들이 모두 훼손됐지만 그중 유독 경희궁의 피해가 컸다. 이리저리 옮겨 다닌 흥화문도 겨우 경희궁 근처로 돌아왔지만 원래 자리에는 돌아가지 못하고 이곳에 머물러야만 했다.

흥화문을 지나서 조금 더 올라가면 강북삼성병원이 터줏대감처럼 자리 잡고 있는 정동사거리에 도착할 것이다. 길가의 나무 담장에 '돈의문 터'라는 글씨가 보인다. 여기가 바로 서울의 서대문인 돈의문이 있던 곳이다. 안타깝게도 서울의 사대문 가운데 유일하게 사라진 곳이 바로 돈의문이다. 1396년 태조 이성계李成桂가 한양을 새 도읍으로 정하고 궁궐과 성을 수축修築할 때 함께 만들어졌다.

흥화문은 이리저리 옮겨 다니다가 경희궁 근처로 돌아왔지만 제자리를 찾지는 못했다.

하지만 터가 안 좋았는지 만든 지 20년도 채 지나기 전인 1413년 허물어 버리고 새로 서전문을 만들었다. 대략 경희궁이 있는 언덕쯤이 아닐까 추측하지만 이 문도 역시 10년이 지난 후인 1422년에 헐어 버리고 또다시 문을 새로 만들었다. 돈의문 터라는 글씨 아래에도 1422년부터 있었다는 표시가 보인다. 이렇게 계속 새로 지어지면서 새문 혹은 신문이라고 불렸는데, 이곳과 통한 길 역시 새문로 혹은 신문로라고 불렸다.

공사관 거리, 정동

횡단보도 앞에 서서 잠깐 숨을 고르면서 지나온 길을 떠올려 보자. 길이 역사가 되는 이유는 누군가 혹은 무언가가 그 길을 지나가야 하는 당위성 때문이다. 고종이 탈출 계획을 구상했을 때부터 어느 길로 가야만 러시아 공사관에 안전하고 빠르게 도착할 수 있을지 고민했을 것이다. 사실 최단 거리는 영추문을 나와서 정부서울청사 사거리로 곧장 내려가서 새문안길로 빠지는 것이다. 하지만 그럴 경우 궁궐 근처에 머무는 시간이 길어지면서 자칫 돌발 사태가 벌어질 수도 있다. 결국 시간이 더 소요되더라도 안전한 길을 택했을 것이다.

경향신문사를 지나서 약간 내리막길인 정동에 들어서면 포근하고 이국적인 분위기가 느껴진다. 프란치스코 교육회관을 비롯해서 오랜 역사를 자랑하는 이화여고 그리고 캐나다 대사관에 정동교회까지 서울에서는 보기 드문 근대 건축물들이 자리 잡고 있기 때문이다. 이곳은 구한말에 공사관 거리라고 불렸다. 러시아 공사관은 물론 미국, 영국, 프랑스, 벨기에, 독일, 이탈리아 공사관까지 옹기종기 모여 있었고, 외국인 선교사들이 세운 정동교회와 이화학당 같은 근대 건물이 많았다. 정동길을 따라가다 보면 울타리가 쳐진 커다란 나무와 그 나무에서 한 발짝 물러난 것처럼 안으로 들어간 캐나다 대사관 건물과 마주칠 것이다.

캐나다 대사관과 예원학교 사이에는 작은 오르막길이 있다. 담장 모서리에는 구러시아 공사관이라는 파란색 표지판이 보인다. 여기서부터가 옛날의 러시아 공사관 영역이다. 본래 상림원이라는 덕수궁의 후원이었던 곳이라 지대가 높아서 일종의 랜드마크 역할을 했다. 1949년 소련 대사 부부가 간첩 혐의로 추방되고, 전쟁이 터지면서 러시아 공사관 건물은 철저하게 파괴되었다. 전쟁이 끝난 후에 부지가 팔리면서 본래의 모습을 잃고 지금은 삼층탑 하나만 남아 있다. 대략 지금의 예원학교와 캐나다 대사관 그리고 정동공원과 정동상림원아파트 일대까지가 러시아 공사관 영역으로 파악된다.

당시에는 개선문처럼 생긴 정문이 있었는데 지금은 흔적을 찾아볼 수 없다. 오르막길을 걷다 보면 작은 공원과 삼층탑이 보인다. 드디어 목적지에 도착한 것이다. 참고로 러시아 공사관 탑 주변은 출입이 금지된 상태다.

그 안에는 고종이 아관파천 때 썼다는 비밀 지하통로가 있다. 발굴 조사 보고서에 따르면 실제로 지하통로를 발견했지만 공사관 건물과 뒤편의 덕수궁 호위대 막사와 연결된 통로였다고 한다. 최근 '고종의 길'이 만들어지면서 이 길로 아관파천이 이뤄졌다고 추측되지만 사실이 아니다. 고종은 경복궁에서 탈출했기 때문에 덕수궁과 연결된 길로 이동할 이유가 없었다.

구러시아 공사관의 삼층탑 유적. 당시의 모습을 추측할 수 있는 유일한 건축물이다.

　고종과 세자를 태운 가마가 러시아 공사관에 도착한 시간은 기록에 따라 제각각이다. 하지만 7시에서 7시 20분 사이라는 기록이 많은 것으로 봐서 대략 이 시간쯤인 것 같다. 2월인 점을 감안하면 해도 뜨기 전에 벌어진 일이다. 경복궁에서 러시아 공사관까지 도보로 약 30분 정도 걸렸는데 가마로 움직인 걸 감안하면 대략 6시를 조금 넘길 즈음에 출발한 것으로 보인다. 어쨌든 우리가 '아관파천'이라고 부르는 이 사건의 파장은 어마어마했다. 고종이 1년 동안 러시아 공사관에 머물면서 조선을 집어삼키려던 일본의 야심은 큰 타격을 받게 된다. 필사의 탈출로 일본의 야심을 꺾은 고종은 러일전쟁

　필사의 탈출 – 아관파천

때까지 나름대로의 개혁 정책을 시행할 수 있는 여유를 얻는다.

당시 러시아 측 기록을 보면 고종과 세자가 정문이 아니라 쪽문으로 들어왔다고 되어 있다. 그렇다면 어느 쪽문으로 들어왔을까? 정동공원의 삼층탑 주변을 돌아보다가 정동상림원아파트에 시선이 멈췄다. 외부인 출입이 금지된 곳이지만 지인의 도움으로 안쪽을 둘러볼 수 있었다. 예상대로 시티은행 옆으로 새문안로와 통하는 길이 있었다. 다만 언덕을 깎아서 만든 계단 형태라 그 시절에도 있었는지는 불확실하다. 어쨌든 언덕길 정도였을 것이다.

당시의 지도를 보면 새문안로와 러시아 공사관 사이에는 높은 언덕이 있었고, 이곳은 원래 덕수궁의 후원이라서 길이 있지는 않다. 러시아 공사관의 조감도를 봐도 이곳에는 새문안로를 겨냥한 포대가 설치되어 있을 뿐이다. 쪽문이라고 부를 수 있는 곳은 새문안로와 반대편인 현재의 덕수궁 쪽에 있었다. 1897년 미국 잡지 『하퍼스 위클리Harper's Weekly』에는 덕수궁에서 미국 공사관 뒤쪽을 거쳐 러시아 공사관까지 이어지는 샛길 사진이 실렸다.

아관파천이라고 해서 고종이 내내 공사관 안에만 머물렀던 것은 아니다. 가까운 덕수궁으로 행차해서 외국 공사를 접견하거나 대신들을 만나곤 했다. 샛길은 이때 이용한 것으로만 알려져 있지만 아관파천 때 이 길을 이용했을 가능성도 배제할 수 없다.

1898년 7월 30일자 독립신문의 기사에는 "옛 수어청 앞길부터

정동상림원아파트 입구. 만약 아관파천 때 이쪽으로 길이 있었다면 정동사거리로 가는 것보다 최소 5~10분은 단축할 수 있었을 것이다.

아라사 공관 뒷문 그리고 경운궁(덕수궁)의 북쪽 회극문 앞길까지 이어져 있다"는 내용이 나와 있다. 미국 공사관에서 문정관으로 근무했던 그레고리 핸더슨이 남긴 기록에 따르면 이 길은 1892년에 만들어진 것으로 나와 있다. 외교관 알렌이 남긴 미국 공사관 약도에도 옛 수어청과 미국 공사관 사이의 샛길이 표시되어 있다. 한 사람이 겨우 다닐 정도로 좁은 길이지만 미국 공사관과 러시아 공사관을 짧은 시간 내에 갈 수 있었다. 경희궁까지 둘러볼 수 있기 때문에 고종도 자주 이용했다.

한국전쟁 때 큰 피해를 입고 새로운 건축물들이 들어서면서 아관파천의 정확한 경로를 파악하는 것은 불가능해진 상태다. 오늘날 우리의 눈에는 아관파천이 망해 가는 나라의 군주가 벌인 짧막한 해프닝으로 비춰진다. 한 나라의 군주가 외국 공사관에 몸을 의탁한 일은 결국 국격을 손상시키는 일이기 때문이다. 하지만 당시 고종이 할 수 있는 최선의 선택이었음은 부인할 수 없다. 아관파천의 길이라고 이름 붙인 이곳을 걷다 보면 가마에 올라 궁녀 뒤에 몸을 숨기고 궁궐을 탈출한 고종의 절박함이 느껴진다.

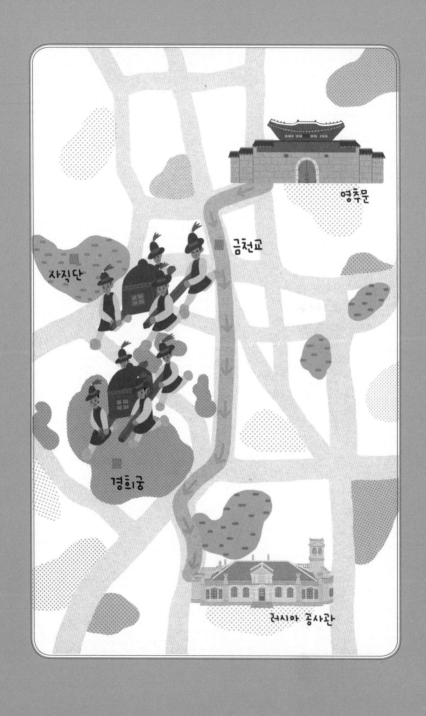

어떻게 돌아봐야 할까?

●

경복궁의 영추문에서 출발해서 자하문로6길을 이용해 자하문로로 나와 남쪽으로 이동한다. 경복궁역 3번 출구 쪽에 있는 횡단보도를 통해서 금천시장 쪽으로 건너간다. 다시 사직로를 횡단해서 서울지방경찰청 쪽으로 내려와서 새문안로3길로 곧장 직진한다. 오만 대사관과 한글학회가 있는 언덕을 넘으면 새문안로가 나온다. 이곳에서 오른쪽 정동사거리 쪽으로 걷는다.

정동사거리에서 왼쪽 경향신문사 방향으로 진입하면 정동이 나온다. 경향신문사를 지나고 큰 소나무가 있는 캐나다 대사관과 예원학교 사이의 오르막길로 오르면 예전 러시아 공사관이 있던 정동공원이 나온다. 그곳에 러시아 공사관의 유일한 흔적인 탑이 남아 있다. 약 2킬로미터 정도 되며, 특별히 오르막길이 없어서 대략 30분 정도 소요된다.

● 아관파천 이동 경로
경복궁 영추문 – 금천교 – 내수사 전로(현 서울지방경찰청 앞) – 야주개(현 새문안로3길) – 새문고개 – 러시아 공사관(현 정동공원)

조선, 미국과 싸우다
신미양요

고종 8년(1871년) 6월 11일

능선에 엎드린 미 해병대와 해군 병사들 위로 햇빛이 뜨겁게 내리쬐고 있었다. 땀에 젖은 병사들의 얼굴은 지칠 대로 지쳐 보였다. 그도 그럴 것이 새벽 4시에 야영지인 해병보루[1]를 출발해서 정오인 지금까지 내내 6월의 뜨거운 태양 아래서 걸어야만 했다.

중간에 모노카시요새[2]의 좁고 구불구불한 길은 질퍽하기까지 해서

---

1 신미양요 당시 미군이 초지진을 가리키던 용어. 마린 리다우트라고 불렀는데 해병보루라는 뜻이다.
2 신미양요 당시 미군이 덕진진을 가리키던 용어. 해상에서 지원 포격을 해 준 모노카시함의 이름을 붙였다.

걷는 것이 매우 힘들었다. 게다가 포격용으로 끌
고 온 무거운 포를 말 대신 사람이 끌어야 한다
는 점도 병사들을 힘들게 했다. 곳곳에 숨어 있
던 조선군은 총과 활을 쏴 대며 병사들의 체력을 갉아먹는 데 한몫했
다. 한 손에 리볼버를 든 미 해군 슬라이 소령은 병사들을 다독거렸
다. 조선에 상륙한 미군을 총괄 지휘하는 킴벌리 중령이 병사들의 상
태를 점검해 보라는 명령을 내려서 돌아보는 중이었다.

멀리서 은은한 대포 소리가 들렸다. 대모산에 매복한 조선군의 계속
된 저항에 킴벌리 중령의 명령을 받은 포병대 지휘관 카셀 소령이 산
중턱으로 포를 올려서 사격을 가하는 중이었다. 산탄과 포탄이 작렬
하자 조선군은 동료들의 시신을 남겨 둔 채 물러났지만 계속 사격을
하고, 소리를 지르면서 신경을 건드렸다.

그러다 부하들과 함께 덤불숲에 엎드려 있던 D중대 지휘관 매키 중위
를 발견했다. 한 손에 카빈을 들고 다른 한 손은 군도軍刀를 잡고 있던
매키 중위는 슬라이 소령을 보고는 가볍게 경례했다. 그 옆 빈자리에
엎드린 슬라이 소령이 물었다.

"어떤가?"

"유쾌하지 않습니다만, 나쁘진 않습니다."

씩 웃으며 대답하는 매키 중위의 말을 듣고 주변에 있는 D중대 병사
들이 히죽거렸다. 약혼녀와 헤어진 매키 중위는 얼마 전까지만 해도

음울하고 염세적이었다. 그런데 이번 상륙전에서는 누구보다 열정적으로 앞장섰다. 이제 정신을 차렸나 싶어 반가워진 슬라이 소령이 그의 어깨를 쳤다.

"곧 공격 명령이 떨어질걸세."

그 이야기를 들은 매키 중위가 조선군이 숨어 있는 언덕 위 석조 요새를 바라보며 대답했다.

"제가 가장 먼저 저 성벽을 넘을 겁니다."

슬라이 소령은 들뜬 것 같은 매키 중위에게 말했다.

"지휘관은 선두에 서는 것도 중요하지만 병사들을 잘 통솔하는 것도 중요하네."

"제 부하들은 알아서 잘할 겁니다."

"어쨌든 주변을 살펴보고 넘어가게."

부하들이 지켜보는 앞에서 매키 중위를 꾸짖을 수 없었던 슬라이 소령은 좋게 말하고 넘어갔다. 매키 중위가 장난스럽게 경례하는 것으로 대답을 대신하자 슬라이 소령은 고개를 가볍게 끄덕거리고는 다시 몸을 일으켰다. 북상하는 상륙군을 따라 강화해협을 거슬러 올라온 증기 외륜선[3]인 모노카시함이 팔꿈치수로[4]의 조선군 요새에 포를 쏴

---

3 증기기관으로 커다란 바퀴를 움직이며 이동하는 배.
4 신미양요 당시 미군이 손돌목돈대가 있는 지역을 가리키는 용어. 팔꿈치처럼 톡 튀어나와 있어서 그렇게 이름을 붙였다.

대는 중이었다. 함께 온 증기선인 팔로스함도 포를 계속 쏴 댔다.

크고 작은 돌로 만들어진 팔꿈치수로 위의 요새는 검은 연기에 휩싸여 있었다. 능선에서 대기하고 있던 병사들은 수통의 물을 나눠 마시거나 동료들과 잡담을 하면서 긴장감과 두려움을 떨쳐 내는 중이었다. 비록 조선군의 무기가 아메리카 인디언 수준이긴 했지만 좀처럼 겁을 먹지 않고 자기 자리를 지키고 싸우려 들었기 때문이다. 무엇보다 걱정인 것은 병사들의 체력이었다. 모직으로 된 군복과 모자는 땀으로 흠뻑 젖었고, 하얀색 크로스 벨트는 먼지로 지저분해진 상태였다. 무엇보다 최종 목표인 조선군의 석조 요새를 오르려면 별다른 엄폐물이 없는 언덕을 한참이나 올라가야 했다.

요새 안의 조선군은 노래를 불러 대면서 포격과 총격을 견뎠다. 종종 머리를 내밀고 구식 소총을 쏘려다가 총격을 받으며 쓰러지곤 했다. 미군이 쓰는 소총은 엎드려서 장전할 수 있고, 총열 안에 강선이 있어서 정확한 사격이 가능한 반면, 조선군의 구식 소총은 두 세기 전의 머스킷 소총 수준이라 정확도와 사정거리가 한참 떨어졌다. 능선에 엎드려 있던 병사들을 살펴본 슬라이 소령은 상륙군 지휘관인 킴벌리 중령에게 돌아갔다. 염소수염에 깡마른 얼굴을 한 킴벌리 중령은 망원경으로 조선군의 석조 요새를 살펴보는 중이었다. 인기척을 들은 그가 슬라이 소

령에게 물었다.

"병사들은?"

"지치긴 했습니다만 명령을 수행할 준비가 되어 있습니다."

"공격을 하면 사상자가 좀 발생할 수 있겠지?"

걱정스러운 표정을 지은 킴벌리 중령의 말에 슬라이 소령이 고개를 끄덕거렸다.

"그렇다고 공격을 포기할 수는 없지 않습니까?"

"물론이지. 로저스 제독에게 어제 우리 함대가 포격을 가한 요새를 끝까지 파괴하라는 명령을 받았네."

단호하게 이야기한 킴벌리 중령이 망원경으로 다시 조선군의 석조 요새를 살펴보다가 지시를 내렸다.

"30분 후에 공격 명령을 내리겠다. 공격 준비선은 능선 위쪽에 있는 소나무들이 있는 곳으로 한다."

"선두는 어느 중대로 합니까?"

"D중대가 선두에 선다. 25분 후에 포격을 중지하라는 신호를 포함에 보내게."

"휴스턴 소위에게 지시하도록 하겠습니다."

슬라이 소령이 경례를 하고 돌아서려는데 킴벌리 중령이 불렀다.

"소령, 저게 뭔지 아나?"

"어떤 것 말입니까?"

다시 킴벌리 중령 옆으로 간 슬라이 소령이 그가 가리킨 방향을 바라봤다. 조선군의 석조 요새 위로 아주 커다란 깃발이 펄럭이고 있었다. 누런 천에 검정색 잉크로 중국 문자를 커다랗게 적은 게 보였다.

"일본에 주둔하면서 본 것 같은 글씨입니다만 정확한 의미는 모르겠습니다."

"알겠네."

킴벌리 중령이 고개를 끄덕거리며 대답하자 슬라이 소령은 돌아섰다. 통신관인 휴스턴 소위를 불러서 포격 중지 명령을 신호로 보내라고 지시한 슬라이 소령은 곧장 D중대의 매키 중위에게 향했다. 싱글벙글 웃고 있던 매키 중위가 눈빛을 반짝거렸다.

"언제 공격합니까?"

"25분 후, 자네 중대가 선두야."

"신나는 일이군요."

활짝 웃은 매키 중위가 병사들에게 외쳤다.

"착검!"

병사들이 일제히 총검을 꽂는 모습을 보면서 슬라이 소령은 조선군의 석조 요새를 올려다봤다. 아까 킴벌리 중령이 바라본 커다란 깃발이 여전히 나부끼고 있었고, 몸을 숨긴 조선군의 노랫소리가 크게 들렸다.

전쟁터가 된 강화도

화창한 어느 주말, 강화도행 버스에 몸을 실었다. 이런저런 이유로 강화도 여행을 해 본 사람들은 중간중간 작은 규모의 성곽 같은 걸 본 적이 있을 것이다. 그것이 무엇인지 궁금해하면서 무심히 지나쳤을지도 모르겠다.

조선시대에는 지금처럼 잘 닦인 길이 없었기 때문에 한양으로 물자를 올리기 위해서는 배를 이용하는 수밖에 없었다. 강화도는 그렇게 한양으로 들어가는 배들이 꼭 거쳐야 하는 곳이라 이곳이 막히면 한양의 물자 공급이 차단된다. 따라서 한양을 도읍으로 삼은 조선은 강화도 방어에 심혈을 기울였다.

19세기 중반에 접어들면서 서구 열강은 식민지를 넓히기 위해 아시아에 진출했고, 조선 역시 그들의 눈에 들었다. 하지만 오랫동안 자신들만의 세계를 구축하고 살아오던 조선에게 서양인의 존재는 낯선 두려움일 뿐이었다. 양측이 서로 충돌하는 데는 그리 오랜 시간이 걸리지 않았다. 맨 처음은 프랑스였고, 그다음은 오늘날 혈맹이라고 불리는 미국이다. 전쟁이라기보다는 짤막하고 슬픈 해프닝에 가까웠고 양쪽 모두에게 금방 잊혔다. 하지만 그 흔적은 오늘날까지 강화도 곳곳에 남아 있다.

과거를 떠올리는 사이, 버스가 목적지에 도착했다. 버스에서 내

첫 번째 목적지인 초지돈대로 가는 길. 버스가 들어가는 곳이 초지진 입구다.

려 주변을 돌아보니 친절한 표지판이 보였다.

표지판을 따라가면 첫 번째 목적지인 초지진에 도착하는데, 신미양요에 관심 있는 사람이라면 고개를 갸웃거릴 수도 있다. 미군과 조선군이 전투를 벌인 곳은 광성보와 손돌목돈대[5]로 알고 있는데 뜬금없이 초지진이라니? 시간을 거슬러서 1871년 6월로 돌아가 보자.

전쟁은 예나 지금이나 끝없는 준비 과정이 있어야 한다. 미국이 무력을 써서라도 조선을 개항시키기로 결심한 데는 1866년 벌어진

5 평지보다 높직하게 두드러진 평평한 땅으로 홍수 때 침수 방지나 군사용 목적으로 쓰인다.

'제너럴셔먼호 사건'이 큰 영향을 미쳤다. 통상을 요구하면서 대동강을 거슬러 올라 평양으로 향하던 제너럴셔먼호가 대포를 쏘고 민간인을 살해하자 조선군은 배를 불태우고 선원을 죽였다. 이 사건은 꽤 큰 파장을 일으켰다.

남북전쟁이 끝나고 안정을 찾은 미국은 멀고 먼 조선이라는 나라에 흥미를 가지게 되었고, 아주 간단한 무력행사로 원하는 것을 얻을 수 있다고 믿었다. 페리 제독이 일본을 개항시켰던 것처럼 조선이라는 나라 역시 손쉽게 문을 열 것이라고 생각했다. 그러나 조선은 호락호락하지 않았다. 미국은 제너럴셔먼호를 조사한다는 명목으로 슈펠트 제독을 파견하고, 생존자가 있다는 소문을 듣고 다시 배를 보낸다. 물론 진짜 목적은 조선을 개항시키는 것이었다. 하지만 조선 측은 조사에 대한 협력을 거부하고, 개항과 관련된 협상도 거절한다. 진전이 없게 되자 미국은 무력으로라도 조선을 개항시켜야 한다는 생각에 결국 아시아 함대를 동원하기로 결정한다.

1871년 5월, 일본 나가사키항을 출발한 아시아 함대는 서쪽으로 향한다. 목적지는 강화도였고, 목표는 조선의 개항이었다. 서해안으로 북상한 이들은 풍도와 입파도를 거쳐서 작약도에 닻을 내린다. 이 아시아 함대는 청나라 주재 미국 공사인 프레데릭 로와 존 로저스 제독이 이끌었다. 프레데릭 로 공사가 협상을 포함한 전권을 가지고 있었고, 존 로저스 제독은 해병대를 포함한 아시아 함대 원정

조선, 미국과 싸우다 - 신미양요

군의 지휘를 맡았다.

조선의 대응은 어땠을까? 이미 프랑스의 침입을 겪어 본 조선은 강화도의 방어 태세를 강화하고 있는 중이었다. 숙종 때 강화도 방어를 맡기 위해 창설된 진무영鎭撫營의 지휘관인 진무사를 정2품으로 올리고, 강화 유수를 겸임하도록 한다. 문관 위주의 조선으로서는 실로 파격적인 일로 지금으로 치면 강화도 지역에 계엄령을 내리고 파견된 군 지휘관이 민간 행정까지 장악한 것을 의미한다.

1871년 5월 26일, 경기 감사 박영보와 미군 측이 첫 접촉을 가진다. 그리고 다음 날, 조선의 관리가 통역관과 함께 미국 함대의 기함인 콜로라도호를 방문한다. 협상이 진행되긴 하지만 미군 측은 협상의 전권을 가진 관리와 이야기하겠다고 고집을 부린다. 그러나 조선이 제안을 거부하고 미국은 마침내 무력을 쓸 결심을 한다.

6월 1일 팔로스호와 모노카시호 등으로 구성된 소함대가 강화해협으로 진입한다. 수심 측정이 목적이었지만 조선 측에서 이양선異樣船의 침입을 그냥 놔둘 리 만무했다. 결국 손돌목돈대를 지나던 미군 함대를 향해 조선군의 포가 불을 뿜었다. 해협 건너편의 덕포진德浦鎭까지 가세한 포격전은 미군 함대가 응사하면서 치열해진다. 결국 미군이 물러나면서 첫 충돌은 끝나게 된다. 이 전투로 조선군한 명이 전사하고, 미군은 두 명의 부상자를 내고 만다.

보고를 받은 존 로저스 제독은 포격을 가한 손돌목돈대를 파괴할

강화해협을 내려다보고 있는 용두돈대의 모습. 높은 절벽이라 바다 쪽에서의 상륙은 불가능하다.

것을 지시한다. 전형적인 포함외교 방식으로 무력을 이용해서 조선
을 굴복시킬 계획을 한 것이다. 이렇게 손돌목돈대가 목표로 정해지
지만, 문제는 이 부근이 낭떠러지와 갯벌로 이뤄져서 상륙에 적당하
지 않다는 것이었다. 급류도 만만치 않아서 포격전 과정에서 암초에
걸린 적이 있을 정도였다.

　미군이 상륙 지점으로 찍은 곳은 손돌목돈대의 남쪽 초지돈대였
다. 한편, 미군의 실력과 의지가 만만치 않다는 점을 깨달은 조선
측도 어재연魚在淵 장군을 순무중군巡撫中軍으로 임명하고 증원군을
보낸다.

1871년 6월 10일 오전, 며칠 동안 준비를 마친 미군은 포격 지원을 받으며 초지진 앞바다에 상륙한다. 포격을 당한 조선군은 내륙으로 후퇴한다. 지금도 초지진 성벽과 나무에는 당시 미군의 포격 흔적이 남아 있다. 해병대와 배에서 차출된 수병, 공병, 포병 651명으로 구성된 미군 상륙부대는 별다른 저항을 받지 않고 초지진을 점령한다. 미군은 선두에 선 해병대의 공을 기려서 이곳을 해병 보루, 즉 마린 리다우트라고 명명한다.

미군의 진격에 끝까지 저항한 조선군

주변 지역을 평정한 미군은 초지진 근처의 들판에서 야영을 한다. 조선군은 미군이 잠들기를 기다렸다가 야습夜襲을 감행하지만 남북전쟁을 겪은 미군은 이를 미리 예상하고 있었고, 어렵지 않게 조선군을 격퇴한다. 그렇게 조선에서의 첫날 밤을 지낸 미군은 다음 날 새벽 4시, 서둘러 군장을 챙기고 북쪽으로 향한다.

강화 나들길이라고 이름 붙여진 강화 외성길을 따라가기로 했다. 초지진을 나오면 도로 옆에 붉은색으로 칠해진 곳이 바로 나들길이다. 이름 그대로 강화도를 둘러싼 외성의 성곽을 따라 걷는 것이다. 외세의 침입으로 강화도의 중요성이 부각되자 조선은 여러 가지 방어책을 세우는데, 그중 하나가 바로 강화도를 둘러싼 성벽의 축조였다. 하지만 이는 대단히 많은 물자와 인력이 소모되는 것으로 좀처럼 시행하기 어려운 일이었다. 서구 세력의 침입이 본격화되자 서둘러 기존의 성벽들을 보수하거나 새로 쌓았다. 초지진을 비롯한 돈대들은 이런 성벽 중간중간에 설치된 포대 겸 망루의 역할을 하던 곳이었다. 지금은 외성이 모두 허물어지고, 간척 사업이 진행되면서 돈대들만 남게 되어 마치 작은 성처럼 보인다.

이렇게 미군의 진격 경로를 곁눈질하면서 여행을 시작한다. 강화도는 묘한 양면성을 지니고 있다. 어떤 곳은 시끌벅적한 도심을 닮았고, 어떤 곳은 고요한 시골처럼 보인다. 나들길을 경계로 논밭과 건축물들이 공존하고 있어서 그럴까? 잠깐 목적을 잊고 풍경에 취해버렸다. 어쨌든 미군이 초지진 쪽으로 상륙하고 내륙으로 진군하면서 애써 만든 강화외성江華外城은 아무런 역할도 하지 못하게 된다.

북상하는 미군의 두 번째 목표는 덕진돈대였다. 상륙한 미군과 발맞춰 올라오던 모노카시호가 덕진돈대에 포격을 하면서 이곳을 지키던 조선군 역시 저항하지 못하고 물러난다. 온수천을 가로지르는 덕진교를 지나자 사거리가 나온다. 이곳에서 오른쪽 길로 접어들면 덕진진이 보인다. 덕진진 옆에는 커다란 성문이 하나 보이는데 바로 강화외성의 남문인 안파루晏波樓다. 앞서 이야기한 대로 강화도의 돈대들은 이런 성문과 성벽으로 이어져 있다. 성문 밖으로

강화외성 위에 만들어진 강화 나들길 표지판. 붉은색 도로를 쭉 따라가면 된다.

나가면 넓은 강화해협이 보인다. 이곳까지 오느라 지쳤다면 잠깐 쉬면서 바다를 보는 것도 좋다.

덕진돈대에 무혈 입성한 미군은 함포사격으로 조선군을 쫓아낸 모노카시호에게 감사하는 뜻으로 이곳을 모노카시요새라고 이름 붙인다. 조선군이 버리고 간 서양식 청동기 화포인 불랑기佛狼機를 바다에 던져 버리고, 돈대를 파괴한 미군은 다시 북상한다. 이제 남은 건 최종 목표인 손돌목돈대였다.

한편 미군이 강화도에 상륙해서 진격하고 있다는 소식을 들은 어재연 장군은 별동대를 파견해서 이들을 막는 한편, 강화성에 급히

덕진진 옆에 있는 남문의 누각 안파루. 밖으로 나가서 보면 강도남문江都南門이라는 현판이 보인다.

이 사실을 알린다. 사실 이 시점에서는 미군의 목표가 어디인지 불분명했기 때문에 어재연 장군 역시 확실한 조치를 취하기 힘들었을 것이다.

덕진진을 둘러보고 강화 나들길을 따라 손돌목으로 향했다. 마지막이 가까워진 탓일까? 무더운 날씨임에도 발걸음이 가벼워졌다. 이때까지 미군을 괴롭힌 건 조선군의 저항이 아니라 극심한 무더위와 좁고 험난한 길 그리고 온수천 같은 하천들이다. 전투를 위한 포도 모두 병사들이 끌어야 했기 때문에 미군의 고통은 상상 이상이었을 것이다.

미군이 차츰 손돌목돈대에 접근하자 어재연 장군이 파견한 별동

강화 나들길 우측 내륙지역 풍경. 아마도 미군은 저 논밭 사이를 지나갔을 것이다.

대와 교전이 벌어진다. 별동대는 대모산이라는 곳에 진을 치고 사격을 감행했고, 미군은 포격으로 응수한다. 별동대의 저항이 거세지자 미군은 대모산이 보이는 언덕으로 대포를 끌고 올라가서 발포해 버린다. 결국 미군의 포격으로 적지 않은 피해를 입은 별동대는 퇴각한다. 잠시 전열을 가다듬은 미군은 조선군의 반격을 막기 위해 예비대를 배치하고 이제 최종 목표인 손돌목돈대로 접근한다. 미군이 손돌목돈대로 접근한다는 보고를 받은 강화 진무사 정기원鄭岐源은 비상 경계령을 내리지만 구원 부대를 보내지는 못한다. 미군이 여전히 강화성을 공격할지 모른다고 생각했기 때문이다.

 미군을 따라간 여정도 어느덧 최종 목적지에 접어든다. 손돌목돈대와 광성돈대가 있는 곳은 땅이 툭 튀어나와 있어서 해협을 감시하거나 방어하기 좋은 곳이다. 따라서 어재연 장군도 이곳 광성진을 지키고 있었던 것이다. 이곳은 강화도의 유적지 중에서 가장 잘 보존되어 있는 곳으로 성문 안해루와 광성돈대 그리고 전투가 벌어진 손돌목돈대까지 모두 둘러볼 수 있다.

무더위와 험난한 길, 그리고 조선군의 저항을 헤치고 미군이 광성진에 도착한 시간은 대략 6월 11일, 오전 11시경으로 추정된다. 초지진을 출발한 지 예닐곱 시간 정도 지난 후였다. 공격 부대를 이끌고 있던 킴벌리 중령은 손돌목돈대의 서쪽에 있는 언덕 쪽에서 부하들을 쉬게 한다.

오전 10시 30분쯤 초지진에 도착해 걷기 시작해서 이곳에 도착한 시간은 약 12시 30분 정도였다. 걸어온 거리를 확인해 보니 대략 8킬로미터 정도 되었다. 미군은 좀 더 먼 길을 걸었을 것이고, 대포를 비롯한 무기를 들고 전투를 치르면서 이동했다. 게다가 길이 좋지 않았을 테니 거의 비슷한 속도로 왔다고 봐도 무방할 것이다. 남북전쟁을 겪은 지 얼마 지나지 않아서인지 미군의 기량은 뛰어났다. 게다가 무기 체계조차 우수했으니 조선군이 형편없이 무너진 건 어찌 보면 당연한 결과일지도 모른다.

햇살이 칼날같이 내리꽂는 무더위 속에서 마지막 목적지에 도착하여 간단하게 점심을 먹으며 휴식을 취했다. 현재 이 일대는 버스

정류장을 비롯해 편의시설이 많은 편이다. 휴식을 취한 후 최후의 전투가 벌어진 손돌목돈대로 향했다. 입장료를 내고 안으로 들어서는데 묘한 서늘함이 느껴졌다. 안해루의 오른쪽 성벽을 따라 길을 걸었다. 바다에서 밀려오는 바람이 바스락거리며 나뭇잎에 스치는 소리가 들렸다. 지금이야 현지 주민들의 산책 길이자 관광객들이 오가는 곳이지만 당시에는 숨 막히는 긴장감으로 가득했을 것이다. 성벽이 길이 되고, 전쟁터가 관광지가 되는 것은 역사가 주는 긍정적인 변화라고 생각하면서 계속 길을 걸었다.

길이 끝나고 광장이 보였다. 광장에는 대리석으로 만든 신미양요순국무명용사비辛未洋擾殉國無名勇士碑가 있다. 전쟁은 끝났지만 이렇

안해루의 성벽을 따라 만들어진 오솔길.

게 기억이 남아 있다. 광장 한쪽에는 몇 개의 봉분이 있는 무덤가가 보인다. 바로 신미순의총辛未殉義塚이다. 죽음과 슬픔이 함께 있는 것은 당연한 일이다. 이곳에서 최후의 저항을 하던 조선군은 그야말로 몰살당했으니 말이다.

잠시 휴식을 취한 미군이 공격을 준비한다. 상륙한 미군을 따라 해협을 북상한 모노카시호에서 포격이 시작되면서 광성돈대와 용두돈대 그리고 손돌목돈대 모두 불길에 휩싸인다.

손돌목돈대의 서쪽 언덕으로 올라간 미군은 최후의 공격을 개시한다. 어재연 장군을 비롯한 조선군은 끝까지 저항하지만 앞뒤의 적을 막을 수는 없었다. 좁은 손돌목돈대 안에서 몇 시간 동안 포격과

손돌목돈대의 모습. 미군은 해안가 쪽이 아니라 반대편 육지 능선에서 공격해 돈대를 점령했다.

조선, 미국과 싸우다 – 신미양요

총격을 당했던 터라 제대로 된 저항은 불가능했다. 언덕을 올라온 미군이 포격으로 무너진 성벽을 타고 넘어오면서 손돌목돈대 안에서는 백병전白兵戰[6]이 벌어진다. 돌격하는 미군의 선두에 서서 제일 먼저 성벽을 넘었던 매키 중위가 조선군의 창에 찔려서 쓰러진다. 매키 중위를 쓰러뜨린 조선군은 슬라이 소령의 권총에 쓰러진다.

패배 없이 끝난 전쟁

전투는 미군이 손돌목돈대 안에 있는 수자기帥字旗[7]를 끌어내고 성조기를 내걸면서 절정으로 달했다. 성조기를 끌어 내리려는 조선군과 지키려는 미군이 치열한 백병전을 펼쳤다. 하지만 시간이 지날수록 미군에게 유리해지면서 결국 조선군은 전멸당하고 만다. 어재연 장군은 칼이 부러지자 납으로 만든 포탄인 연환을 던지다가 미군의 총검에 찔려 전사했고, 휘하의 병사들도 대부분 죽거나 포로

---

6 적과 맞붙어 칼, 창, 총검 등을 가지고 싸우는 전투로, 무기가 주로 칼이며 백색이라 이런 명칭이 붙었다.
7 어재연 장군의 장군기. 누런 바탕에 검정색으로 장수 수(帥) 자가 적혀 있다. 신미양요 당시 미군이 노획물로 가져가서 해군사관학교에 보관하고 있다가 2007년에 장기 임대 형식으로 고국에 돌아왔다.

어재연 장군의 수자기.

로 잡히고 만다. 조선군은 어재연 장군을 비롯해 243명이 전사하고, 15명이 포로로 잡힌다. 반면 미군 사망자는 선두에 서서 돌격했던 매키 중위를 비롯해서 단 세 명뿐이었다.

비록 패배했지만 조선군은 끝까지 싸웠고 자신의 임무를 다했다. 그럴 수밖에 없는 것이 어재연 장군을 비롯해서 손돌목돈대에서 버티고 있던 조선군은 오합지졸 지방군이 아니라 중앙에서 파견된 어영청[8]의 정예 병력이었기 때문이다. 그래서 좁은 손돌목돈대 안에서 몇 시간 동안이나 포격과 총격을 받고도 버텼던 것이다. 신미양요에 참전해서 조선군의 전투력을 높이 평가한 슬라이 소령은 세상에 이렇게 용감한 군대를 본 적이 없다며, 최후의 전투에 앞서 보루에 있던 조선군은 노래를 부르며 전의를 다졌다고 이야기했다.

승리한 미군은 수자기를 내리고 성조기를 게양한다. 그리고 손돌목돈대에서 용감하게 싸우다 전사한 매키 중위의 이름을 붙여서 매키요새라고 명명한다. 안해루 옆에 있는 광성돈대는 수로학자요새

---

8 인조반정 직후 설치된 오군영 중 하나로 임금을 호위하는 임무를 맡았다.

치열한 전투가 끝나고 전멸당한 조선군.

라고 불렀고, 용두돈대는 팔꿈치요새라고 불렀다. 아마 전자는 앞쪽의 해역이 굉장히 험했기 때문에 붙여진 것 같고, 후자는 모양새가 팔꿈치처럼 바다로 툭 튀어나왔기 때문에 그랬던 것 같다.

치열한 전투가 끝나자 킴벌리 중령은 종군 사진가 펠릭스 비토에게 현장 사진을 찍게 한다. 그는 아직 포연이 가시지 않은 용두돈대를 비롯하여 바다에 쓰러진 조선군 시신을 촬영한다. 그가 찍은 흑백사진은 아마 조선의 풍경을 담은 최초의 사진일 것이다. 양쪽의 첫 만남이 이렇게 피비린내와 화약 냄새에 젖어 있다는 것은 오늘날의 양국 관계를 생각할 때 굉장히 아이러니한 일이 아닐 수 없다.

손돌목돈대를 파괴하고 포로들을 끌고 물치도勿淄島로 간 미군은 조선의 항복이나 강화 사절이 오기를 기다렸다. 하지만 조선은 강화도의 경계를 강화하는 조치를 취할 뿐 협상 테이블에 나오지 않았다. 홍선대원군을 비롯한 조정의 대신들은 멀리서 원정을 왔기 때문에 식량과 물이 부족한 미군의 약점을 정확히 알고 있었기 때문이다. 식량과 식수가 거의 떨어지고, 설상가상으로 전염병까지 퍼질 기미가 보이자 초조해진 미군은 재차 강화도를 공격해서 조선을 협상 테이블로 끌어낼 생각을 한다. 하지만 결정적인 문제가 발생한다. 손돌목돈대 전투에서 탄약을 지나치게 많이 소모해 버린 것이다. 지원 포격을 하느라 함포의 포탄도 바닥이 난 상태였다. 더군다나 남은 탄약 역시 오랜 항해로 불발탄이 많았다.

결국 미군은 포로들을 석방하면서 거듭 협상을 촉구했지만 홍선대원군은 강하게 거부한다. 결국 7월 3일 미군이 물치도를 떠나면서 전쟁이 종결된다. 조선은 자신이 승리했다고 믿었고, 미군은 미개인들과의 간단한 해프닝으로 생각하고 기억 속에서 지워 버린다. 그리고 남은 건 흑백사진 몇 장과 실록 기록 몇 줄 그리고 남아 있는 유적지와 기념비들뿐이다. 어재연을 비롯한 수많은 조선군의 죽음을 뒤로한 채 말이다.

어떻게 돌아봐야 할까?

⎮
●

서울에서 신미양요 경로를 돌아보는 가장 좋은 방법은 마포구 합정역에서 강화도로 가는 2000번 버스를 타는 것이다. 중간에 초지대교 정류장에서 내려서 초지진을 살펴보고 강화 나들길을 따라 광성진 쪽으로 걸어가면 된다.

표지판도 잘되어 있고, 바닥이 붉은색으로 칠해져 있어서 길을 잃을 염려는 없다. 다만 중간에 마트가 없기 때문에 간단한 간식이나 물은 챙겨 가는 게 좋다. 논을 지날 때가 많아서 여름에는 뿌리는 모기약을 가져가는 게 좋다. 덕진교를 지나서 덕진진과 남문 안파루를 둘러본 후 손돌목돈대 쪽으로 가면 된다. 천천히 걸으면 대략 두 시간에서 세 시간 정도 걸린다.

● 신미양요 이동 경로
강화도 초지진에 상륙한 미군은 해안선을 따라 북쪽으로 이동해서 덕진진을 거쳐 광성진의 손돌목돈대로 접근한다.

기나긴 하루
칠천량해전

선조 30년(1597년) 7월 16일

"어푸! 어푸!"

판옥선板屋船에서 바다로 뛰어든 조방장[1] 김완金浣은 연신 물을 뱉어
내며 물 위에 뜨려고 안간힘을 썼다. 물에 뛰어들기 직전 왜군이 휘두
른 칼에 왼쪽 귀 밑이 베이고, 왼쪽 다리에 조총 탄환을 맞은 상태였
다. 급히 갑옷과 투구를 벗어 던지고 몸을 가볍게 했지만 지칠 대로
지친 몸은 생각보다 금방 떠오르지 않았다.

필사적으로 발버둥을 쳐서 겨우 물 밖으로 목을 내민 김완은 숨을 쉬

---

1 주장을 도와 적군의 침입을 막는 장수.

면서 주변을 돌아봤다. 다행히 부들 같은 것을 엮어서 거적처럼 만든 초둔이 하나 보였다. 김완은 손을 뻗어 초둔을 움켜쥐고 한숨을 돌릴 수 있었다. 여유를 찾은 김완은 같이 물어 뛰어든 노비 필연을 붙잡았다. 같은 판옥선에 타고 있던 필연은 조총에 맞고도 쓰러지지 않고 버텼다. 필연은 방패 뒤에 숨어 있다가 판옥선에 올라타려는 왜적의 가슴팍에 몸을 부딪쳐서 떨어뜨렸다. 떨어진 왜적이 다시 올라오려고 하자 칼로 이마를 찔러 죽였다.

반쯤 의식을 잃은 필연이 초둔에 매달리는 걸 본 김완은 고개를 돌려 칠천도七川島 쪽을 바라봤다. 불에 타는 판옥선이 새벽의 어둠 속에서 흐릿하게 보였다. 사방을 아무리 둘러봐도 뱃머리가 뾰족한 왜적들의 배만 보일 뿐이었다. 김완은 이를 갈면서 외쳤다.

"통제사!"

비극의 원인은 새로 부임한 삼도수군통제사 원균元均 때문이었다. 잘 싸우던 이순신 장군이 파직당하고 원균이 그 자리를 차지한 꼴을 보기 싫었던 권준 같은 이들은 자리에서 물러났지만 김완은 그러지 못하고 계속 휘하에 남았다. 걸핏하면 술에 취해서 부하들 탓만 하던 원균은 조정에서 내려오는 출동 명령을 차일피일 미뤘다. 그러다가 도원수 권율權慄에게 끌려가 곤장을 맞는 치욕을 당하고 나서야 부랴부랴 왜군이 있는 부산

포를 공격하기 위해 출동했다.

100여 척에 달하는 판옥선이 한산도에서 출진하는 광경은 그야말로 장관이었다. 하지만 부산포에 도착한 조선 수군은 졸전을 펼쳤다. 한산도에서 부산까지 가느라 노꾼들이 지칠 대로 지쳤고, 역풍에 날씨와 파도가 사나웠기 때문이다. 진형을 제대로 유지하지 못한 채 10여 척의 판옥선이 떠내려갔고, 적선과 제대로 싸우지도 못했다. 결국 퇴각 명령이 내려왔는데 그나마 일본 수군의 추격이 없어서 한숨 돌릴 수 있었다.

한산도로 돌아오는 도중에 물을 길으러 가덕도에 내렸는데 갑자기 왜군들이 나타나면서 허둥지둥 달아나야 했다. 미처 배에 타지 못한 수군들이 손짓을 하면서 살려 달라고 하다가 왜군들의 칼날에 토막이 나고 말았다. 날이 어두워지면서 중간에 칠천도에 정박하게 되었다. 온천도라고도 부르는 칠천도는 거제도와 마주 보고 있어서 바람을 피

할 수 있고, 외부에서는 안쪽이 보이지 않아 이순신李舜臣 장군도 통제사 시절에 중간 기항지로 종종 이용하던 곳이었다.

한숨 돌리는 것도 잠시, 5경[2] 초에 왜선들이 구름처럼 몰려들었다. 조총을 쏘아 대며 밀어닥

---

2 경은 야간을 5등분으로 나눈 시간 단위로 5경이면 새벽 4시쯤 된다.

친 왜선들을 본 조선 수군은 뿔뿔이 흩어졌다. 잽싸게 닻을 올리고 칠천도를 빠져나와 거제와 진해로 도망친 것이다. 그 와중에 통제사 원균은 이를 수습할 생각은 하지 못하고 술에 취한 채 허둥거렸다. 그 꼴을 본 김완은 서둘러 칠천도 밖으로 빠져나오려고 하다가 왜선 두 척과 맞닥뜨렸다. 피할 곳이 없는 상황이라 마주쳐서 싸워야 했다. 포를 쏘고 화살을 쏘면서 저항했지만 왜선에서 날아온 탄환에 군관 유영호가 전사하고, 노비 필연과 다른 군관들도 부상을 입었다. 결국 왜군들이 판옥선에 올라타자 김완은 무기를 버리고 물속으로 뛰어들어야 했다. 그 와중에 김완은 몇 번이고 원균을 부르며 도와달라고 했지만 그는 쳐다보기만 할 뿐 꼼짝도 하지 않았다.

"천하무적 우리 수군이 이렇게 몰살당하다니……"

초둔에 매달린 김완은 불에 타고 있는 판옥선들을 보면서 눈물을 감추지 못했다. 반면, 믿기지 않은 승리를 거둔 왜군은 칼을 들고 춤을 추면서 괴성을 질러 댔다. 그 모습을 보고 괴로워진 김완은 눈을 감고 물살에 몸을 맡겼다.

한참을 떠내려가던 초둔은 칠천도 근처의 작은 섬에 도달했다. 두 사람이 뭍에 닿자 수풀 속에서 불쑥 그림자가 보였다.

"누, 누구냐?"

놀란 김완의 물음에 상대방이 달려 나오며 대답했다.

"조방장 나리, 소인 박곤입니다."

눈 밑에 사마귀가 있는 낯익은 얼굴을 본 김완은 안도의 한숨을 쉬었다.

"자네는 군관 박곤 아닌가?"

"아까 물에 뛰어든 걸 봤는데 무사하셨군요. 천지신명께서 도우신 게 분명합니다."

"자네도 살아서 다행이구먼. 그나저나 여긴 어딘가?"

부상을 입은 필연을 부축하며 섬에 오른 김완의 물음에 박곤이 대답했다.

"내서기도 혹은 어리도라고 부르는 섬입니다."

"자네만 살아남은 건가?"

"사령 간손도 같이 떠내려왔습니다. 충청수사 최호 영감의 전선에 있던 사수 두 명도 같이 있습니다."

수풀이 우거진 안쪽으로 들어가자 물에 흠뻑 젖은 더그레³ 차림의 군졸 둘이 보였다. 김완은 두 사람이 앉아 있던 자리 옆에 필연을 눕혔다. 하지만 총에 맞은 데다 물속에서 한참 있었던 탓인지 금방 숨을 거두고 말았다. 필연의 눈을 감겨 준 김완이 나무둥치에 몸을 기댄 채 한숨을 쉬었다. 김완을 데리고 온 박곤은 칠천도 쪽에서 눈을 떼지 못했다.

"어떤가?"

---

3 조선시대에 각 관아의 군사들이 입던 세 자락의 웃옷. 소속에 따라 옷 빛깔이 달랐다.

김완의 물음에 박곤이 고개를 저었다.

"불타고 가라앉는 건 죄다 판옥선입니다.
어쩌다 이리 된 겁니까?"

박곤이 믿을 수 없다는 듯 울먹거리자 김완은 고개를 숙였다.

"나도 이렇게까지 참패할 거라고는 생각지도 못했네."

"그나저나 이제 어찌합니까?"

질문을 받은 김완은 몸을 일으켜 칠천도 쪽을 바라봤다. 콩을 볶는 것
같은 조총 발사음 사이로 판옥선에서 쏜 것 같은 단말마의 포성이 은
은하게 들려왔다. 싸움이 거의 끝나 가는 것 같았다.

"일단 동태를 살펴보자. 싸움이 끝났으니 놈들이 돌아갈 거야. 그때
뗏목을 엮어서 이곳을 탈출한다."

김완의 대답을 들은 박곤과 군졸들이 고개를 끄덕거렸다. 잠시 후, 나
무토막에 몸을 의지한 조선 수군들이 섬을 발견하고는 필사적으로 헤
엄치는 것이 보였다. 김완은 박곤과 함께 달려가 그들을 구조했다.

조선 수군, 출진하다

흔들리는 다리를 건너서 크루즈급 요트에 올라탔다. 이번 답사는 육지로 가는 것이 아니라 배, 그것도 요트를 타고 돌아보기로 했기 때문이다. 목적지는 우리나라에서 두 번째로 큰 섬인 거제도와 칠천도 사이에 있는 해협인 칠천량漆川梁으로 임진왜란 당시 조선 수군 역사상 가장 큰 참패를 당한 역사의 현장이다.

진해만鎭海灣은 약 100년 전 러일전쟁 당시 일본 연합함대가 대한 해협을 통과하려던 러시아 발트함대를 요격하기 위해 대기하고 있던 곳이다. 진해만은 섬으로 둘러싸여 외부 관측이 불가능하고, 폭풍이나 바람의 영향을 거의 받지 않았기 때문에 천혜의 요새였다.

이곳의 전략적 가치는 현재도 유용하며 지금은 대한민국 해군이 그대로 이어받고 있다. 요트는 약 한 시간의 항해 끝에 진해만을 빠져나갔다. 뱃머리에 서서 푸른 바닷물을 내려다봤다. 이번 답사에서 조선 수군이 왜 그렇게 형편없이 패배했는지 해답을 찾을 수 있기를 바라면서 말이다.

1597년 7월 14일 새벽, 한산도閑山島 앞바다는 판옥선과 거북선으로 가득 찼다. 100여 척이 넘는 전선들과 2만 명에 가까운 조선 수군이 새벽 햇살을 받으며 출진하는 광경은 분명 장관이었을 것이다. 하지만 지휘관인 원균은 이 대부대를 이끌고 무엇을 해야 할

요트 뒤로 보이는 곳이 진해만이다.

지 알지 못했다. 이번 출진은 그를 삼도수군통제사로 임명한 선조宣
祖의 의중이었다. 원균이 탑승한 판옥선에는 선조가 파견한 선전관
김식金軾이 함께 자리하고 있었다.

　선조는 왜 잘 싸우고 있던 이순신을 원균으로 교체하면서까지 조
선 수군의 출진을 고집했을까? 이는 그 어느 때보다 승리가 간절했
기 때문이었다. 1596년 겨울, 명나라와 일본의 평화협정이 결렬된
다. 도요토미 히데요시의 지시에 따라 다음 해 초 일본군의 재침공
이 시작된다. 새로 바다를 건너간 일본군은 남해안에 주둔 중인 군
대와 합류해 북진에 나선다. 1597년 정유재란丁酉再亂이라고 부르
는 전쟁이 시작된 것이다.

흔히 임진왜란과 함께 묶이지만 전쟁의 양상은 판이하게 달랐다. 일본은 임진왜란 초기에 고수했던 '일본식 전쟁'을 포기하고 철저한 현지화 전략을 취한다. 즉, 자국에서의 전쟁처럼 상대방 영지를 쳐들어가서 영주가 있는 본성을 함락하고 항복을 받는 방식을 버린 것이다. 한반도에서의 진짜 전쟁은 도읍이나 성이 점령당한 다음에 시작되는 경우가 많다는 사실을 비로소 깨달은 것이다.

일본군은 두 갈래로 공세를 취한다. 하나는 한양을 목표로 북상했고, 다른 하나는 임진왜란 초기에 점령하지 않고 지나쳤던 전라도 지역에 대한 공세에 나선 것이다. 한양을 목표로 하되 무리하지 말라는 도요토미 히데요시의 명령을 보면 한반도 전체에 욕심을 내지 않고 남쪽 일부 지역에 대한 영구 점령으로 전략을 수정한 것으로 추정된다. 한산도에 집결해 있던 조선 수군이 출진한 것은 이런 일본군의 공세가 한참 절정에 달할 무렵이었던 7월 14일이었다. 왜 하필 이때 조선 수군은 적극적인 공세에 나선 것일까?

그것은 당연히 선조를 비롯한 대신들 때문이었다. 선조는 정유년에 들어서면서부터 수군의 복지부동伏地不動을 탓하며 거듭 공세에 나서라고 재촉하지만 이순신 장군은 무리해서 출진하지 않았다. 1592년 한산도대첩閑山島大捷[4] 이후 일본 수군은 바다 위에서 조선 수군을 보면 교전을 피한 채 달아났다. 왜선이 가볍고 빠른 탓에 추격은 어려웠고, 경상도의 해안가는 전부 일본군 점령 지역이었기

거제도와 가덕도를 잇는 거가대교와 함께 찍힌 군함. 뱃머리의 번호로 봐서는 충무공이순신함인 것
같았다. 칠천량해전을 답사하러 가는 길에 이순신함과 만난 것이다.

때문에 무리하게 추격할 수도 없는 상황이었다.

　이런 상황을 잘 알고 있던 이순신 장군은 한산도에 진을 치고 부
산 인근의 가덕도加德島까지 진출하면서 일본 수군의 동진을 막았
다. 일본군이 육지에서 공세에 나선다고 해도 해상 보급이 불가능
하면 멀리 진출할 수가 없다는 점을 간파했기 때문이다. 선조와 대
신들의 조급함은 전해에 있었던 '이몽학의 난'에서 열쇠를 찾을 수

4　한산도 앞바다에서 이순신 장군이 왜군과 싸워 크게 이긴 전투. 왜선 47척을 격침하고
　12척을 나포하였다. 이때 육지 전투에서 사용하던 학익진을 처음으로 해전에서 펼쳤다.

있을 것 같다.

오랜 전쟁에 지친 백성들에게는 임금과 대신들에 대한 불만과 불신이 쌓여 갔다. 이는 이몽학의 반란군이 한때 1만 명이 넘는 동조자들을 모을 수 있었던 원동력이 되었다. 이런 일을 목격한 선조는 자신의 권위를 세워 줄 만한 승리가 필요했다. 하지만 조선군이 육지에서 일본군에게 공세를 취한다는 건 꿈에서나 가능한 일이었고 남은 건 수군뿐이었다. 하지만 이순신 장군은 공세에 나서는 걸 거부했다. 결국 선조는 자신이라면 공세에 나설 수 있다고 호언장담한 원균을 대타로 내세웠던 것이다.

원균의 이순신 흔적 지우기

원균이 선조의 기대치를 채워 주는 시늉이라도 했더라면 감옥에 갇혀 있던 이순신 장군은 김덕령 장군의 뒤를 이어서 옥사했을 가능성이 높았다. 하지만 원균은 선조의 기대를 보기 좋게 배신한다. 정유년 초 삼도수군통제사로 부임한 원균은 전임 통제사 이순신의 흔적 지우기에 나선다.

'전 통제사가 부산포 앞바다로 가서 진퇴하며 병위를 과시할 때, 통제사가 탄 배가 적진 가까이 갔는데 조수潮水가 물러가 물이 얕아지면서 배 밑창이 땅에 닿았다. 적에게 배를 빼앗기게 되었을 적에 배 위의 전졸戰卒들이 큰 소리로 구원을 요청하니 안골포만호安骨浦萬戶 우수禹壽가 노를 빨리 저어 달려가서 이순신을 등에 업어 어렵게 우수의 배로 옮겼다. 이순신이 탔던 배는 선미에 연결하여 간신히 안골포로 끌어 왔다'는 말이 있었습니다. 대개 이번 부산의 거사擧事에서 우리나라 군졸들이 바다 가득히 죽어 왜적의 비웃음만 샀을 뿐, 별로 이익이 없었으니 매우 통분할 일입니다. 이런 실수를 저지른 제장諸將들을 조정에서 처치하소서.

원균이 2월 28일 선조에게 올린 장계狀啓[5]의 일부다. 여기서 이야기한 제장들은 전부 이순신의 부하들이기도 하지만 당시 원균의 부하들이기도 하다. 이런 리더를 둔 부하 장수들의 심정은 어떠했을까? 하지만 이 정도는 약과로 볼 수 있다.

신이 해진海鎭에 부임한 이후, 가덕도·안골포·죽도·부산을 드나드는 적들이 서로 거리가 가까워서 성세聲勢는 서로 기대고 있는 것 같으나 그 수가 수만에 불과하니 병력도 외로운 듯하고 형세도 약합니다. 그

---

5 왕명을 받고 지방에 나가 있는 신하가 중요한 일을 왕에게 보고하던 일이나 문서를 말한다.

중 가덕도·안골포 두 곳의 적은 3000~4000도 차지 않으니 형세가 매우 고단합니다. 만약 육군이 몰아친다면 주사舟師의 섬멸은 대쪽을 쪼개듯이 쉬울 것이요, 그 뒤로 우리 군사가 전진하여 장수포 등 처에 진을 친다면 조금도 뒤를 돌아볼 염려가 없게 됩니다. 날마다 다대포·서평포·부산포에서 병위를 드날려 보인다면 회복의 계책이 거의 이루어질 수 있을 것이지만, 그렇지 않고 서로 버티며 날짜만 보낸다면 한 해를 넘어서지 못하여 우리 군사가 먼저 지치게 됩니다. 그리하여 내년에 더욱 심하고, 그다음 해는 더더욱 심할 것인데 군사가 쇠잔하고 군량이 고갈된 뒤에는 비록 지혜로운 자가 병력을 움직이려 해도 어떻게 할 수가 있겠습니까?

우신愚臣의 망령된 생각에는 우리나라 군병이 그 수가 매우 많아서 노쇠한 자를 제하고 정병精兵을 추리더라도 30여 만은 될 수 있습니다. 지금은 늦봄인 데다 날씨가 가물어서 땅이 단단하니 말을 달리며 작전을 할 때는 바로 이때입니다. 반드시 4~5월 사이에 수륙 양군을 대대적으로 출동시켜 한번 승부를 겨루어야 합니다. 만약 시일을 지연시키다가 7~8월에 비가 개지 않아 토지가 질척거리면 기병이나 보병이나 다 불편할 것이니 이때는 육전陸戰도 되지 않을 듯합니다. 하물며 가을이 다 지나고 난 뒤에는 바람이 점점 세지고 파도가 하늘에 닿을 듯 높아질 것이니 배를 부리기가 매우 어렵습니다. 이때는 수전이 되지 않을 것입니다. 신이 이른바 4~5월 안에 거사하자는 것도 이를 염려하여서입니다.

정유년 3월 29일자 원균의 장계다. 요약하자면 육군이 먼저 공
격한 다음에 수군이 뒤따르겠다는 것이다. 이순신 장군이 임진왜
란 초기부터 그렇게 부르짖었던 합동작전과 비슷한 주장이다. 나가
싸울 수 있다고 해서 자리에 앉혀 놨더니 이순신 장군이 했던 이야
기와 같은 말을 한 것이다. 실록에서 이 장계를 찾아 읽을 때 정병
30만이라는 숫자를 보면서 어지러웠던 기억이 난다. 당시 조선군의
사정을 몰랐다면 무능한 것이고, 알고도 거짓말을 했다면 심각한
직무유기인 셈이다. 어느 쪽이든 조선 그리고 조선 수군에게는 치
명적이었다. 이 와중에 기문포의 졸전까지 더해지면서 원균에 대한
선조의 신뢰가 무너지고 만다.

> 원균에게도 아울러 말을 만들어 하유下諭 하기를, 전일과 같이 후퇴하
> 여 적을 놓아준다면 나라에는 법이 있고 나 역시 사사로이 용서하지
> 않을 것이다, 라고 하라.

7월 10일 선조의 지시 사항이다. 선조는 원균이 승리에 대한 갈
증을 채워 줄 것이라고 믿었지만 상황은 점점 비관적으로 흘러갔
다. 선조는 '나를 더 이상 목마르게 하지 말라'라고 했고, 이런 분위

기는 곧장 원균에게 이어진다. 이제 원균도 이순신과 같은 딜레마에 처한다. 문제는 이순신 장군은 불합리한 명령은 끝끝내 거부하는 배짱이 있었던 반면 원균은 그렇지 않았다.

7월 초에 부산을 목표로 출전하지만 별다른 전과를 거두지 못하고 손실만 입는다. 그 와중에 육군에게 공세에 나서라는 장계를 올렸다는 사실이 도원수 권율에게 알려지면서 둘의 갈등이 깊어진다. 이제 모두 의심 어린 눈초리로 실력을 입증하라며 원균의 등을 떠밀었다. 이에 못 이긴 원균은 7월 14일 한산도를 떠난다. 겉으로 보기에는 임진왜란 초기부터 승리를 거듭했던 정예 수군의 출전이었지만 삼도수군통제사 원균 옆에는 선조가 파견한 선전관 김식이 서 있었다. 이렇게 정치적인 결정에 따른 출진은 다음 날 새벽 칠천도에서 조선 수군 사상 최악의 참패로 이어진다.

패배의 길목에서

우리는 흔히 칠천량전투 혹은 칠천량해전이라고 부르지만 당대에는 '한산이 무너졌다' 혹은 '한산의 패전'이라고 이야기했다. 도대체 당시 조선 수군에게 어떤 일이 벌어진 것일까?

칠천량해전의 전후 과정은 조선과 일본 양측의 기록을 통해 비

도요토미 히데요시의 일생을 그린 『회본태합기繪本太閤記』에 나오는 칠천량해전. 조선군이 일본군의 파죽지세에 밀리는 모습이 담겨 있다.

교적 상세하게 알 수 있다. 문제는 왜 그런 일들이 벌어졌는지 납득이 어려운 부분이 많다는 것이다. 7월 14일 새벽 한산도를 출발해서 북상한 조선 수군은 거제도와 통영 사이의 좁은 해협인 견내량을 통과한다. 견내량을 통과한 조선 수군은 동쪽으로 방향을 틀어서 가조도와 거제도 사이를 지나간다. 가조도를 지나친 조선 수군의 선두는 거제도와 칠천도[6] 사이의 좁은 해협인 칠천량에 도착해서 머문다.

새벽에 출발했으니 아마 점심 무렵쯤 도착했을 것으로 보인다.

6 당시에는 온천도라고도 불렀다.

칠천량에 진을 친 조선 수군은 하룻밤을 머물고 다음 날 아침 다시 동쪽으로 향한다. 어느 경로로 진격했는지 정확하게는 알 수 없지만 가덕도와 육지 사이를 통과해서 부산 방향으로 항진한 것으로 보인다.[7] 조선 수군은 부산 앞바다에 있는 절영도 근처까지 진출해서 교전을 시도한다. 하지만 일본 수군은 도망치기 바빴고, 느린 판옥선은 제대로 쫓아가지 못한다. 이런 상황이 반복되는 사이 전열은 점점 흐트러지고 지휘 통제가 어려워진다.

결국 해가 떨어지면서 원균은 퇴각 명령을 내린다. 지칠 대로 지친 조선 수군은 퇴각하는 길에 가덕도에 들러서 물을 길으려고 하다가 일본군에게 기습당해 약 400명이 전사한다. 정확하게는 뭍에 남겨진 병사들을 버리고 떠난 것이다. 본영인 한산도로 퇴각하던 조선 수군은 해가 떨어지자 거제도 북쪽에 있는 영등포라는 곳에 머무르려 하지만 육지에서 일본군의 모습이 관측되자 서둘러 칠천량으로 진입한다.

처음에는 칠천도 북쪽에 있는 옆개해수욕장의 맞은편 해변에 조선 수군이 정박했을 것이라고 추측했다. 하지만 외부에 노출된 상태의 해변이라는 점이 마음에 걸렸다. 일본 수군을 피해 칠천량 안으로 진입하던 조선 수군의 심정은 어땠을까? 고향 같은 한산도는

---

7 현재는 매립돼 있어 항해가 불가능하다.

뱃길로 불과 서너 시간 안팎이었다. 다음 날 해가 뜨자마자 한산도로 돌아갈 꿈에 부푼 조선 수군은 지친 몸을 뉘었다. 하지만 악몽은 이제 시작이었다. 그날 밤 칠천량에서 무슨 일이 벌어졌는지는 원균과 동행했던 김식의 장계에 자세하게 나와 있다.

15일 밤 2경에 왜선 5~6척이 불의에 내습하여 불을 질러 전선 4척이 전소 침몰되자 제장들이 창졸간에 병선을 동원하여 어렵게 진을 쳤습니다. 닭이 울 무렵에는 헤일 수 없이 수많은 왜선이 몰려와서 서너 겹으로 에워싸고 형도 등 여러 섬에도 끝없이 가득 깔렸습니다. 우리의 주사는 한편으로 싸우면서 한편으로 후퇴하였으나 도저히 대적할 수 없어 할 수 없이 고성 지역 추원포에 주둔하였는데, 적세가 하늘을 찌를 듯했습니다. 마침내 전선은 모두 불에 타서 침몰되었고 제장과 군졸들도 불에 타거나 물에 빠져 모두 죽었습니다.

신은 삼도수군통제사 원균 및 순천부사 우치적禹致績과 간신히 탈출하여 상륙했는데, 원균은 늙어서 행보하지 못하여 맨몸으로 칼을 잡고 소나무 밑에 앉아 있었습니다. 신이 달아나면서 일면 돌아보니 왜놈 6~7명이 이미 칼을 휘두르며 원균에게 달려들었는데 그 뒤로 원균의 생사를 자세히 알 수 없었습니다. 경상우수사 배설裴楔과 옥포, 안골포 만호 등은 간신히 목숨만 보전하였고, 많은 배들은 불에 타서 불꽃이 하늘을 덮었으며, 무수한 왜선들이 한산도로 향하였습니다.

실록에 나온 칠천량해전에 관한 최초의 기록이다. 김식이 장계를 올린 날짜가 7월 22일로 칠천량에서 조선 수군이 와해된 지 일주일 후의 일이다. 보고를 받은 선조는 명군에게 알리라고 하는 한편 대책을 세우라고 지시한다. 대신들이 아무 말이 없자 왜 대답이 없느냐고 질타한다. 그러자 류성룡이 대신들을 대표해서 너무 '충격'을 받아 할 말이 없다고 답한다.

기분이 조금 누그러든 선조는 출병을 독촉하여 패배했다면서 하늘이 도와주지 않았다고 이야기한다. 사실 이순신 장군을 해임하면서까지 조선 수군이 공세에 나서도록 한 건 다름 아닌 자신이었다는 사실을 외면한 것이다.

칠천량해전에 관해서는 학계의 연구도 전무하고 논문도 별로 없는 편이다. 명량해전의 위대함을 설명하기 위한 짤막하고도 슬픈 에피소드 정도로 치부하는 경우가 대부분이다. 이 칠천량에서의 전투는 어떻게 진행되었고, 왜 패배했던 것일까? 칠천량을 답사하면서 어떤 부분은 답을 찾았고, 어떤 부분은 계속 의문점으로 남았다.

16일 5경 초에 적도들이 구름처럼 모여들어 포를 쏘며 공격해 오니 아군은 창황蒼黃하여 닻을 올리고 재빠른 자는 먼저 온천도를 나오고, 둔한 자는 아직 나오지 못하였는데, 적은 이미 주위를 둘러싸 포위하였습니다. 전라 좌수영의 군량선을 이미 먼저 빼앗겼는데, 주장主將은 조치를 잘못하여 여러 전선이 붕괴되어 절반은 진해로, 절반은 거제로 달아났습니다.

칠천량해전에 참가했다가 포로로 잡혔던 조방장 김완이 남긴 『해소실기海蘇實紀』 중 일부다. 김식과 김완이 남긴 두 가지 기록들을 조합하면 15일 밤부터 16일 새벽까지 무슨 일이 벌어졌는지 대략 추측이 가능하다.

일단 절영도 인근에서 일본 수군과 소득 없는 숨바꼭질을 벌인 조선 수군이 가덕도를 거쳐 칠천량에 도착한 것은 15일 저녁이었을 것으로 추측된다. 칠천도에서 한산도까지 3~5노트[8] 정도로 가면 세 시간 반에서 다섯 시간 정도 걸린다. 그러니까 칠천량에 진입한 건 한산도까지 가기 어려울 정도로 늦은 시간이었다는 뜻이 된다. 당시가 음력 7월 중순이라는 점을 고려하면 저녁 7시에서 8시 무렵에는 조선 수군이 칠천량에 진입한 것으로 보인다. 그리고 그날 밤 2경, 그러니까 9시부터 11시 사이에 일본 수군이 기습 공격을 감행한다. 이때의 공격은 대규모가 아니라 대여섯 척의 전선들이 침입해서 판옥선에 불을 지른 것으로 보인다. 그리고 밤새 소규

---

8 배의 속도를 나타내는 단위로 기호는 kn. 1노트는 한 시간에 1해리, 곧 1852미터를 달리는 속도다.

모 교전 내지는 대치 상태가 계속되다가 16일 5경 초, 그러니까 새벽 4시 무렵 일본 수군의 대규모 공세가 개시된다. 어렵게 진형을 유지하던 조선 수군은 이 공격으로 붕괴되고 만다.

그다음은 우리가 알고 있는 것처럼 조선 수군의 전면적인 붕괴 내지는 와해, 그리고 이억기와 최호 그리고 원균의 전사와 실종이다. 그렇다면 칠천량 어디에 조선 수군이 정박했고, 일본 수군은 어디에서부터 공격해 왔을까?

현 지도상에 칠천교라고 나와 있는 곳이 425미터로 가장 폭이 좁다. 편의상 거제도 쪽 진입로를 입구, 칠천도 쪽 진입로를 출구라고

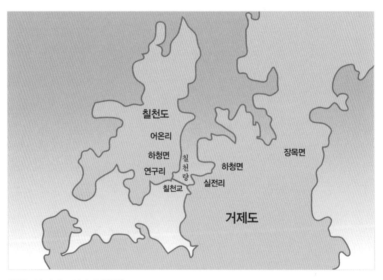

칠천도와 거제도 사이의 칠천량.

부르겠다. 위에서 말한 엽개라는 곳은 출구의 오른쪽이다. 따라서 엽개의 맞은편, 즉 출구의 왼쪽 해변에 조선 수군이 정박했고 이곳에서 전투가 벌어졌다는 것이 지금까지의 통설이다. 하지만 요트를 타고 칠천량 입구로 진입하는 순간 조선 수군이 그곳에 머무르지 않았다고 확신했다.

북쪽에서 바라본 칠천량은 깔때기 모양으로 출구 쪽이 넓고 안으로 들어갈수록 좁아지는 형태다. 따라서 엽개나 그 맞은편 해안은 외부에 고스란히 노출되어 있다. 왜군의 기습을 걱정했다면 정박하기에는 적당하지 않은 곳이다. 게다다 절영도 일대의 전투에서 얼마나 피해를 입었는지 모르겠지만 이때까지만 해도 조선 수군은 판옥선만 100척이 넘는 큰 규모였다. 엽개가 있는 양쪽 해안 모두 100척이 넘는 배들이 정박할 만큼 넓지 않았다. 이런저런 생각을 하면서 칠천교를 통과하자 아까와는 다른 해안선이 눈에 들어왔다. 엽개 근처와는 비교할 수 없을 정도로 넓고, 무엇보다 칠천량 출구 쪽에서 거의 보이지 않았다.

퇴각하던 조선 수군은 칠천량 남쪽 해안에 머물렀을 것으로 보인다. 이 근처에 가마골이라는 지명이 있는데 동네 여인들이 가마솥에 밥을 해서 군사들에게 먹였다는 데서 유래되었다고 한다. 그렇다면 전투는 어떤 형태로 진행되었을까?

앞에서 살펴본 조선 측 기록을 종합해 보면 15일 밤부터 일본 수

칠천교를 지나친 남쪽 해안가의 모습이다. 90도로 꺾인 해안선을 따라 넓은 해변이 펼쳐진다.

군의 산발적인 기습이 계속되다가 16일 동틀 무렵에 대규모 공세가 이어졌고, 간신히 버티던 조선 수군의 전열이 붕괴되었다. 하지만 칠천량에 들어서면서 이런 사전 지식들에 물음표가 붙었다. 칠천량의 지형은 숨거나 머물기에는 적합했지만 포위된다면 전멸당하기 쉬운 곳이다. 만약 일본 수군이 양쪽 입구를 틀어막고 판옥선에 바짝 붙어서 백병전을 시도했다면 조선 수군의 장기인 원거리 포격전은 불가능하게 되고 탈출도 불가능하다. 하지만 선전관 김식의 장계나 김완이 남긴 『해소실기』의 기록을 보면 경상우수사 배설이 이끄는 12척의 판옥선을 비롯해서 적지 않은 전선들이 탈출에 성공했다. 이것으로 봐서 일본군의 공세 역시 치밀하게 계획되거나 조직적으로 이뤄진 것 같지는 않다. 출구와 입구를 제대로 막고 공격했다면 원균이나 배설 모두 탈출이 불가능했을 것이다.

와해된 조선 수군

일본 측 기록은 너도나도 선봉에 서서 큰 공을 세웠다는 식으로 나온다. 하지만 불태운 배의 수가 너무 많은 반면, 노획한 조선군 수급의 수가 생각보다 적어서 조선 수군의 피해가 크지 않았다는 추측을 뒷받침해 준다. 『해소실기』에는 일본군이 포로로 잡힌 어부들을 앞세워 해안가에 버려진 전선들을 찾아 불태웠다는 기록이 있다. 탈출에 성공한 조선 수군은 있는 힘껏 노를 저어 해안가에 닿은 다음 배를 버리고 도망쳤고, 일본군이 빈 배를 찾아 불태운 것이다.

조선 수군은 왜 일본 수군의 기습을 허용했을까? 칠천량에 도착한 시점에서 아마도 원균의 지휘 통제가 거의 붕괴되지 않았나 싶다. 『해소실기』에는 원균이 취해 있었다고 나와 있다. 성과도 없는 전투가 거듭되면서 좌절한 원균은 술로 시름을 달랬고, 지휘관들은 제각각 불만을 품은 채 야간 경계를 제대로 하지 않은 상태에서 불의의 기습을 당한 것이다. 사실 조선 수군이 칠천량에 머문 이유도 양쪽 출입구만 제대로 막으면 된다는 생각 때문이었을 것이다.

하지만 이 경계선이 돌파당해서 상대방이 안으로 침입했다면, 더군다나 그것이 야간이었다면 어떤 혼란이 벌어졌을지는 어렵지 않게 상상할 수 있다. 좁은 곳에서 야간에 교전이 벌어졌다면 아군 간의 오인사격에 의한 피해도 상당할 것 같다. 이런 지옥 같은 아수라장 속에서 최호와 이억기는 목숨을 잃었고, 김완은 배를 잃고 무인도로 흘러갔다가 포로로 잡혔다. 원균은 탈출에 성공해서 고성의 추원포로 도주했다.

이런 정황을 감안한다면 조선 수군은 칠천량에서 전멸당한 것이 아니라 와해되었다고 보는 것이 맞는 표현 같다. 그렇다 하더라도 잘못된 정치적인 결정과 무리한 지휘로 임진년부터 승승장구하던 조선 수군이 한순간에 증발해 버렸다는 사실은 변하지 않는다. 덕분에 조선 수군은 남해안의 서쪽 끝인 진도의 명량까지 밀려가야 했다. 그나마 다행이었던 것은 패전 소식이 전해진 그날 백의종군白衣從軍하던 이순신 장군을 삼도수군통제사로 재임명했다는 것이다.

답사를 마치고 우울한 마음을 안고 진해만으로 돌아오는 길에 항주 중인 214급 잠수함과 마주쳤다. 거가대교 근처에서 본 충무공이순신급 구축함과 214급 잠수함은 현재 대한민국 해군 전력의 핵심이다. 이것은 진해만 일대의 전략적 가치가 아직도 변하지 않았다는 것을 의미한다.

러일전쟁 당시 진해만에서 러시아 함대를 기다리고 있던 일본 연합함대 사령장관인 도고 헤이하치로는 출발 직전 '황국의 흥망이 이 한판에 걸려 있으니 사력을 다하라'는 뜻의 Z기를 게양했다. 그 깃발을 본 일본 해군 장병들은 자신들의 무거운 책임감을 느꼈을 것이다.

조선 수군은 칠천량에서 패배했지만 그것을 딛고 명량에서 기적처럼 승리했다. 전쟁 그리고 바다가 줄 수 있는 운명은 이렇게 깊고 가파르다.

어떻게 돌아봐야 할까?

거제도와 칠천도는 칠천교로 이어져 있어서 차량을 이용해서 건너갈 수 있다. 옥계 해수욕장 쪽에 칠천량해전공원이 있다. 저자는 해전 당시의 상황을 파악하기 위해 요트를 빌려서 칠천량을 돌아봤지만 일반적으로는 불가능하다. 부산 방면에서 거가대교를 이용해서 올 수도 있다. 버스를 이용하면 생각보다 시간이 많이 걸리므로 택시나 승용차로 이동하는 것을 권장한다.

● 칠천량해전 이동 경로
한산도의 통제영에서 출발한 조선 수군은 견내량을 지나 부산포로 진격한다. 돌아오는 길에 거제도와 칠천도 사이의 칠천량에 정박했다가 기습을 당한다.

이순신의 바다
명량해전

선조 30년(1597년) 9월 16일

새벽의 희뿌연 안개가 바다에 자욱하게 깔렸다. 가을의 새벽을 뚫고 진도珍島의 망금산에 오른 탐망군관 임중형林仲亨은 숨을 몰아쉬며 바위에 걸터앉았다. 정탐이 목적이라 무기라고는 허리 뒤춤에 꽂은 철편이 고작이었다. 땀에 젖은 망건을 손등으로 훔친 그는 서둘러 나오느라 제대로 감지 못한 행전行纏[1]을 풀어서 다시 감았다. 그사이, 대나무 물통을 줄에 엮어서 메고 따라온 진도 출신의 탐망꾼 이중세가 숨을 헐떡거리며 어깨에 걸친 수건으로 이마의 땀을 닦았다.

---

1 바지를 입을 때 정강이에 감아 무릎 아래를 묶어서 움직이기 편하게 만든 천.

"염병할, 안개가 껴서 아무것도 안 보입니다."

행전의 끈을 감고 있던 임중형이 고개를 들었다.

"탐망꾼은 안개를 뚫고 적을 바라볼 줄 알아야 해."

짚신을 벗어서 안에 들어간 모래를 탈탈 털어 낸 이중세가 코웃음을
쳤다.

"귀신 씻나락 까먹는 소리 그만하고 목이나 축이십시오."

"감히 군관에게 농지거리를 하다니, 네놈이 정녕 죽고 싶어 환장했
구나."

말은 그렇게 했지만 함께 목숨을 걸고 싸웠던 사이라서 농담에 가까
운 이야기였다. 이중세 역시 개의치 않고 대나무 물통을 건넸다.

"얼른 목이나 축이십시오."

"자네도 마시게나."

"예."

이중세가 목을 축이는 걸 본 임중형은 바위 위에 올라

가서 벽파진碧波津 쪽을 바라봤다. 물을 마시고 길게 트

림한 이중세가 물었다.

"뭐가 좀 보이십니까?"

"벽파는 고사하고 녹도도 잘 안 보이는군."

"이렇게 안개가 짙게 꼈으니 놈들도 못 오겠죠?"

이중세의 희망 섞인 물음에 임중형은 고개를 저었다.

"여드레 전에 해남 어란포에 있던 왜선들이 벽파진으로 몰려왔던 거 몰라?"

"통제사께서 깃발을 올리고 나서니까 부리나케 도망치지 않았습니까?"

"그날 밤에 왜놈들이 야습을 시도한 건 모르지? 통제사께서 각 판옥선에 명령해서 야습에 대비하라고 하지 않았으면 큰일 났을 거야."

"간이 배 밖으로 나왔네요. 원균이 죽고, 이순신 장군이 새로 통제사로 온 걸 알면서도 말입니다."

"그래서 통제사께서 더 우려하셨네. 자기가 돌아온 줄 알면서도 야습까지 가해 온 걸 보면 자신감에 차 있다고 말이야. 내가 거기다 어란포에 적선 200척이 들어온 걸 보고했더니 벽파진에서 물러나 우수영으로 들어가셨어."

명량鳴梁 너머 우수영 쪽을 바라본 이중세가 고개를 절레절레 저으며 대답했다.

"벽파나 우수영이나 매한가지 아닙니까? 고작 13척밖에 없는데 말입니다."

"무슨 생각이 있으시겠지. 며칠 전에는 신기한 꿈을 꾸셨다고 하셨어."

"꿈에 용왕님이라도 나타났답니까? 왜군들이 명량을 지나 서해로 올라가면 전라도는 끝장입니다,

끝장.”

“나도 잘 알고 있네.”

“남원이랑 전주도 왜놈들 손에 떨어진 지 오래고, 임금님은 다시 몽
진蒙塵²을 가신다는 소문이 돌고 있습죠. 아이고, 소인도 식구들 데리
고 어디 산속으로 피난이라도 떠나야 하…….”

신세 한탄을 하던 이중세는 조용하라는 임중형의 손짓에 입을 다물었
다. 안개에 쌓인 벽파진 쪽을 뚫어지게 바라보던 임중형을 본 이중세
가 나지막하게 투덜거렸다.

“아니, 그러면 안개 속이 보이기라도 합니까?”

이중세의 투덜거림을 무시하고 안개를 바라보던 임중형은 갑자기 어
디론가 뛰기 시작했다. 그걸 본 이중세가 화들짝 놀랐다.

“군관 나리! 어디로 가십니까?”

임중형이 뛰어간 곳은 그들이 앉아 있던 바위 근처의 토성이었다. 삼
별초가 섬에 들어왔을 때 쌓은 성의 흔적이라고 알려져 있는데 지금
은 아무도 쓰지 않아서 버려진 상태였다. 반쯤 허물어진 토성의 성벽
위로 기어오른 임중형이 벽파진 쪽을 노려봤다. 숨을 헐떡거리며 뒤
따라 올라간 이중세도 벽파진을 바라봤다.

“안개 때문에 아무것도 안 보이는뎁쇼?”

---

2 임금이 난리를 피하여 안전한 곳으로 떠나는 것을 이르는 말. 먼지를 뒤집어쓴다는 뜻이다.

"보이는 것 말고, 소리!"

임중형의 말에 이중세는 벽파진 쪽으로 귀를 기울인 채 온 신경을 집중했다. 물살이 흐르는 소리 사이로 물을 밀어내는 소리가 규칙적으로 들려왔다.

"이건!"

"노 젓는 소리 같아. 어떤가?"

임중형의 물음에 이중세는 대답 대신 고개를 끄덕거렸다.

"한두 척이 아닌 것 같지?"

"한두 척이 뭡니까? 수십 척이 노를 젓는 소리입니다."

이중세가 대답하는 순간, 돌풍이 불면서 어깨에 걸친 수건을 날려 버렸다. 너울거리며 날아간 수건이 바닷가의 나뭇가지에 걸린 걸 본 이중세는 투덜거리며 토성의 성벽을 내려갔다. 까치발을 하고 나뭇가지에 걸린 수건을 잡으려던 이중세는 돌풍에 안개가 걷힌 바다를 보면서 입을 다물지 못했다. 수십 척은 되어 보이는 왜선들이 벽파진을 지나 명량을 향해 서서히 움직이는 게 보였기 때문이다.

"구, 구, 군관 나리."

"보고 있네. 물살이 벽파진에서 우수영 쪽으로 흐르고 있는 틈을 타서 넘어올 작정인가 보군."

"족히 100척은 넘어 보입니다요."

"정확히 숫자를 세서 보고해야 하네. 나는 앞쪽부터 셀 것이니 자네는 뒤쪽부터 세게.”

“예.”

마른침을 삼킨 이중세가 서둘러 왜선의 수를 셌다. 두 사람이 센 숫자
는 130이 넘었다. 이중세가 다리를 후들거리면서 물었다.

“이, 이제 가시지요.”

“잠깐만 선봉장을 확인해야지.”

“나리!”

이중세의 외침을 무시한 임중형은 바닷가 쪽으로 조금 더 나아갔다.
그리고 활짝 펴진 왜선의 돛대를 뚫어지게 바라봤다.

“팔각형 안에 석 삼三 자가 그려져 있군. 큰 배가 아니라 중간 크기의
배이고 말이야.”

“저 뒤로도 배들이 보입니다.”

이중세의 말에 임중형이 턱까지 흘러내린 땀을 닦으며 말했다.

“어서 보고하러 가세.”

임중형이 해안가로 급히 뛰어 내려가자 이중세가 허둥지둥 뒤를 따
랐다.

불멸의 바다

5월의 이른 아침, 보트에 몸을 싣고 목포 마리나를 출발했다. 목적지는 진도, 벽파진과 우수영 앞바다였다. 높다랗게 솟은 유달산과 아름다운 등대를 뒤로하고 보트는 남쪽으로 향했다.

1597년 9월, 조선의 운명이 가장 위기에 처한 그날을 되짚어 보기 위해서였다. 약 두 시간의 항해 끝에 보트는 진도의 벽파항에 도착했다. 당시의 상황을 최대한 맞추기 위해 바람을 이용하는 돛이 있는 요트를 이용하고 싶었지만 명량의 조류가 워낙 세기 때문에 보트

목포 마리나의 보트들. 제일 오른쪽 배는 쌍동선으로 카타마란으로도 불린다.

를 타야만 했다. 한적한 벽파항에 잠깐 배를 대고 쉬는 동안『난중일기亂中日記』를 펼쳤다. 임진왜란이 벌어지고 내내 승리를 거두면서 승승장구하던 조선 수군에게 대체 무슨 일이 벌어졌던 것일까?

> 18일 맑음. 새벽에 이덕필, 변홍달이 와서 전하기를 '16일 새벽에 수군이 기습을 받아 통제사 원균과 전라우수사 이억기, 충청수사 최호 및 여러 장수들이 죽고 크게 패했다'는 것이다. 그 이야기를 듣고서 참담하기 이를 데가 없었다. 얼마 뒤에 도원수 권율이 찾아와서 말하기를 '일이 이미 여기까지 이르렀으니 어쩔 수가 없다'라고 해서 늦게까지 이야기를 나눴으나 마음을 정하지 못했다. 나는 일단 해안 지방을 돌아본 후 대책을 세우는 게 좋겠다고 말했고, 도원수가 기뻐하며 승낙했다.

이순신 장군이 칠천량에서의 참패 소식을 들은 것은 7월 18일 새벽이다. 도원수 권율이 곧바로 찾아와서 대책을 논의하지만 죄인의 몸으로 백의종군 중이던 그가 할 수 있는 일이라고는 고작해야 현장을 둘러보고 대책을 세운다는 것뿐이었다. 당일 출발한 그는 삼가, 단성, 곤양을 거쳐서 21일 점심 무렵, 노량에 도착한다. 이순신 장군이 돌아왔다는 소식에 거제현령 안위와 영등포만호 조계종 등이 찾아온다. 하나같이 원균 탓을 하면서 패전 상황을 설명하는데 이를 듣고 있었을 이순신 장군의 심정이 어떠했을지 상상조차 하기 어려웠다.

다음 날인 22일 칠천량에서 탈출한 경상우수사 배설이 도착하면서 상황을 파악한 이순신 장군은 23일 권율에게 보고서를 보낸다. 그리고 8월 3일, 선전관 양호가 찾아와서 삼도수군통제사에 다시 임명한다는 선조의 교서를 전달한다. 다시 원래 자리로 돌아왔지만 엄청난 위용을 자랑하던 조선 수군은 온데간데없이 사라진 상태였다. 교서를 받은 그는 구례, 옥과, 순천을 거쳐서 낙안으로 향한다.

8월 17일 전남 장흥군 회령포에 도착한 이순신 장군은 다음 날, 경상우수사 배설로부터 남은 함대를 인수한다. 그리고 노골적으로 불복하는 배설을 대신해서 그의 부하에게 곤장을 치는 것으로 땅에 떨어진 기강을 바로잡는다. 또 회령포만호 민정붕이 위덕의에게 전선을 빌려준 죄를 물어서 처벌한다. 엄한 처벌을 통해 기강을 잡은 이순신 장군은 판옥선 12척과 소수의 병사들을 이끌고 동쪽으로 퇴각한다. 이진과 패도포를 거쳐서 어란포에 도착한 날짜는 8월 24일이었다.

거제도와 붙어 있는 한산도에서 회령포와 어란포까지가 칠천량의 패배로 잃어버린 공간들이다. 조선 수군은 전쟁이 끝날 때까지 잃어버린 지역들의 절반 정도밖에는 되찾지 못한다. 칠천량에서의 패배가 얼마나 큰 충격인지 알 수 있는 부분이다. 게다가 선조에게

서 수군을 없애고 육군에 합류하라는 명령이 내려온다. 이순신 장군은 쇠약해진 몸과 지친 마음을 가다듬고 붓을 든다. 그의 장계에는 슬프고 기막힌 현실과 그 속에서 버티는 한 남자의 절제된 절규가 들어 있다.

　　신에게는 아직 열두 척의 배가 남아 있나이다.

　8월 28일, 일본군의 배 여덟 척이 어란포에 머물러 있던 조선 수군을 공격한다. 다들 겁을 먹고 움직이지 못하고 있는데 이순신 장군이 탄 상선上船(통제사가 타는 판옥선)만이 버티고 있다가 물러나는 적들을 추격하고 돌아온다. 비록 승리하기는 했지만 정면 승부는 불가능했기 때문에 다음 날 벽파진으로 옮겨 간다.

　진도군 고군면 벽파리에 있는 이 항구는 진도와 육지를 잇는 진도대교가 생기면서 가끔씩 제주로 가는 여객선이 들르는 한적한 곳이 되었다. 하지만 고려와 조선 시대에는 배들로 북적인 곳이었다. 고려와 조선 모두 세금으로 거둔 곡식을 배로 수송했는데, 곡식을 실은 배는 해안을 따라 개경과 한양으로 올라갔다. 진도의 벽파항은 남해에서 서해로 올라가는 배들의 중간 기착지였다. 바로 코앞에 최대 난코스인 명량이 있기 때문이었다. 조수 흘러가는 소리가 마치 어린아이의 울음소리 같다고 해서 '울돌목'이라고도 불리는

벽파진 전적비에서 벽파항을 내려다본 모습. 이순신 장군이 머물렀던 벽파진은 지금의 위치가 아니라 현재 벽파항의 우측 간척지로 변한 곳일 가능성도 있다.

이곳은 태안반도 앞바다와 더불어 고려와 조선의 물건을 실어 나르는 데 쓰인 배 조운선漕運船의 무덤이었다.

벽파항에 보트를 정박하고 뒷산에 있는 이충무공전첩비李忠武公戰捷碑에 올라가 봤다. 전체가 하나의 바위로 구성된 굉장히 독특한 산이었는데 높지 않은 곳이지만 벽파항은 물론 주변 바다가 한눈에 내려다보였다. 전첩비는 거북 모양으로 깎아 낸 바위 위에 서 있었는데 꽤 큰 편이다.

벽파항은 고려와 조선시대 조운선의 중간 기착지 역할을 했던 곳이면서 또한 전쟁터이기도 했다. 명량해전의 전초전 격인 벽파해전이 벌어졌으며, 시간을 훌쩍 앞으로 건너뛰면 삼별초의 항쟁이 벌어졌던 곳이기도 하다. 삼별초는 고려와 몽골의 사신이 찾아오면 몽골 사신은 잡아 가두고, 고려 사신은 벽파진에 있는 벽파정이라는 정자에서 잔치를 베풀어 줬다고 한다. 고려군과 몽골군이 삼별초를 공격하기 위해 상륙했을 때에도 이곳을 이용했다. 벽파정에서 삼별초가 세운 용장산성龍藏山城과 궁궐까지는 불과 4킬로미터 정도 거리에 있기 때문이다.

벽파항에서 잠깐 쉬면서 늦은 점심을 먹은 후에 다시 배를 타고 어란도로 향했다. 15노트의 속도로 약 한 시간 정도 갔으니까 3~5노트의 속력으로 움직이는 판옥선이라면 세 시간에서 다섯 시간 정도 걸렸을 것이다. 가까이 접근해서 둘러보고 싶었지만 주변에 양식장들이 많아서 아쉽게도 먼발치에서 볼 수밖에 없었다. 뱃머리를 돌려 돌아오는 길에 보트를 운행하는 선장에게 조류에 대해 물어봤다. 그때까지 조류라는 것을 일정 지역에 흐르는 물살 정도로만 이해했다. 조류는 어디에나 항상 존재한다고 선장은 알려 줬다. 그리고 지형의 영향을 받아 강해지기도 하고, 약해지기도 한다고 덧붙이면서 보트의 시동을 껐다.

눈으로 보는 바다는 정지되어 있는 것처럼 보였다. 하지만 바다는 끊임없이 움직이고 있었다. 단지 느끼지 못할 뿐이었다. 시동이 꺼진 보트는 조류를 따라 조금씩 진도 쪽으로 흘러갔다. 그 넓은 바다의 조류들이 좁은 명량에 들어가면서 빨라지는 건 어찌 보면 당연한 일이었다. 10노트에 달하는 명량의 조류는 돛단배로는 이겨낼 수 없는 장벽 같은 존재였다. 배에 동력기가 없던 시절 조류는 극복의 대상이기도 했고, 에스컬레이터 같은 존재이기도 했다. 배가 조류의 속도보다 빠르지 못한 이상 거슬러 갈 수는 없기 때문이다. 대신 조류를 타면 단숨에 먼 거리를 갈 수 있었다. 바람도 조류를 이기지 못했다. 돛단배들은 조류를 타기 위해 기다려야 했고, 벽파진은 이렇게 한양이나 개경으로 가기 위한 조운선이나 배들이 물때를 기다리던 일종의 휴게소였다.

벽파진은 1597년의 이순신 장군에게도 결전을 위해 잠시 쉬어 가던 곳이었다. 8월 29일 아침, 벽파진에 도착한 이순신 장군은 9월 15일 밀물 때를 이용해서 전라우수영으로 건너간다. 이순신 장군이 보름 넘게 벽파진에서 머무는 동안 일본군 전선들은 야습을 감행하면서 조선 수군의 규모를 확인했다.

이순신 장군은 회령포에서 전선들을 인수한 후 한 달 가까이 계속 서쪽으로만 이동한 상황이었다. 진도를 지나면 남해가 끝나고 서해가 시작된다. 만약 일본 수군이 서해에 진출하게 된다면 무슨 일이 벌어졌을까? 명량해전이 벌어지기 직전인 9월 14일 탐망군관 임중형이 일본군의 포로가 되었다가 돌아온 김중걸이라는 백성의 증언을 보고하는 데서 살짝 알아볼 수 있다.

일본군은 조선 수군을 모조리 죽이고 경강, 즉 한강으로 올라간다고 큰소리를 쳤다. 애초에 도요토미 히데요시가 정유년의 재침공을 결정했을 때 부하 장수들에게 하달한 주요 목표가 전라도 지역 장악과 한양 점령이었다. 두 가지를 다 이루려면 제해권制海權이 필요했는데 칠천량해전이 그것을 가능하게 만들었다. 만약 일본군이 서해를 거슬러 올라가서 한양을 점령하고 명군과 단독 협상을 벌였다면 남북분단은 우리가 알고 있는 것보다 350년 전에 일어났을 가능성이 높다. 그게 아니라 강화도나 교동도를 점령하고 한양으로 들어가는 물류를 막았다고 해도 큰 타격을 줬을 것이다.

병인양요와 신미양요 때 프랑스군과 미군에 의해 강화도가 공격당하고 한강이 봉쇄되자마자 한양의 물가는 엄청나게 뛰었다. 가끔 역사를 보면서 막다른 벼랑 끝에 서 있다는 느낌이 들곤 한다. 명량의 그날을 되짚어 보면서 뼈저리게 느꼈다. 그날 현장에 있던 당사자들은 자신이 역사의 갈림길에 서 있다는 사실을 알고 있었을까?

어린아이 울음소리를 닮은 명량의 격류

궁금증을 가슴에 품은 채 벽파항에 도착하고 나서 폐교를 개조한 펜션으로 향했다. 학교 뒷산에 우람한 암석이 보여서 주인장에게 이름을 물어봤더니 망바위라는 대답이 돌아왔다. 펜션에서 기르는 진돗개의 안내를 받아 올라가 봤더니 이름대로 벽파항 일대가 한눈에 들어왔다. 명량해전 당시 일본군이 공격해 온다는 사실을 보고한 탐망꾼이 지켜보던 곳으로 추정되는 곳이 바로 망금산이다. 망바위도 그런 역할을 하지 않았을까 해서 올라가 봤는데 역시 벽파항이 한눈에 내려다보였다. 망바위 뒤쪽으로는 삼별초가 만든 용장산성이 있었으니 아마도 고려군과 몽골군을 감시하던 위치가 아니었을까 하는 추측이 들었다.

펜션에서 저녁을 먹고 잠자리에 들었다. 다음 날 아침, 식사를 마치자마자 벽파항으로 향했다. 명량해전이 벌어진 정확한 장소를 찾기 위해서였다. 사실 전투가 어디서 벌어졌는지는 조금씩 의견이 갈린다. 보통은 진도대교가 가로지르는 곳의 바로 뒤쪽, 화원반도가 있는 곳으로 추정하지만 우수영 앞바다에서 벌어졌다고도 하고, 한참 후방인 임하도 서쪽에서 벌어졌다는 주장도 있다.

장소가 이렇게 갈리는 이유는 결국 조류 때문이라 실제로 가서 살펴봐야 했다. 명량이 워낙 좁아서인지 벽파에서 명량까지의 바다는 오히려 넓어 보였다. 벽파항에서 우수영 쪽으로 조류가 강하게 흐르기를 잠시 기다렸다가 진입했다. 그리고 속도를 최대한으로 늦췄다.

처음에는 아무것도 느끼지 못했다. 어린아이의 울음소리를 닮았다는 물소리도, 급류를 넘어서 격류激流 같다는 물살도 없었다. 맥이 풀리려는 순간 보트가 빠르게 움직였다. 마치 무빙워크에 올라 탄 것처럼 순식간에 앞으로 나아갔다. 선장의 이야기대로 진도대교의 교각을 보자 배가 얼마나 빠르게 움직이는지 알 수 있었다. 물살은 비 온 직후 강이 급류로 변해 버린 것처럼 거침없이 흘러갔다. 곳곳에 크고 작은 소용돌이와 파도가 생기는 게 보였다.

명량의 조류는 빠를 뿐만 아니라 난폭하기까지 했다. 빨라진 물이 배의 밑판을 두드리면서 지나가는데 흡사 지진이 난 줄 알았다. 이때 명량의 조류는 9노트 정도였다. 만약 배가 9노트 이상의 속도를 내지 못한다면 조류를 거슬러 올라가는 건 불가능하다. 게다가

최고조에 달한 명량의 격류. 물 밖에서 바라보는 것과 직접 물 위에서 겪는 것은 천지 차이다.

조류에 휘말린 상태에서 소용돌이와 마주친다면 배는 전복되거나 해안가의 바위와 충돌할 수밖에 없게 된다.

어느 쪽이든 탑승자들이 살아날 가능성은 희박하다고 봐야 할 것이다. 무엇보다도 빠른 물살이 주는 공포감이 어마어마했다. 조류에 떠밀린 보트는 경상우수영이 있는 양도까지 흘러갔다. 우수영 자리에 지어진 선착장 한쪽에는 벽파진과 우수영을 왕래하는 거북선 모양의 유람선과 판옥선 그리고 일본 수군의 기함인 아타케부네가 나란히 떠 있었다. 우수영 선착장에 배를 대고 잠깐 휴식을 취하며 조금 전 느낀 조류가 준 충격을 곱씹어 봤다.

물론 바다에 익숙한 뱃사람이라면 그런 것쯤은 아무것도 아니라고 할 수도 있겠지만 전투 중이라면 이야기가 달라진다. 조류 때문에 배가 컨트롤되지 않는 상황에서 화살이나 포탄이 날아올지 모른다는 공포감까지 더해진다면 어떤 기분이었을까?

그날의 명량에는 100여 척이 넘는 배들이 북적거렸다. 옆 배들이 일으키는 파도는 가뜩이나 흔들리는 배를 더 요동치게 만들었을 것이고, 포탄을 피하다가 충돌하는 경우도 많았을 것이다. 그러다 노라도 부러지는 날에는 그 배의 운명은 끝이었다. 일단 물에 빠지면 아무리 수영을 잘한다고 해도 급류를 빠져나가는 건 불가능해 보였다. 게다가 양쪽 해안가 모두 바위뿐이라서 잡고 올라갈 수도 없을 것 같았다. 몇 차례 살펴본 결과 명량해전이 벌어진 전장을 짐작할

우수영 선착장에서 본 거북선, 판옥선 그리고 일본 수군의 아타케부네.

수 있었다.

일단 울돌목의 조류를 직접 겪어 보니 진도대교 부근은 불가능하다는 결론을 내렸다. 조류가 심해지면 단순히 앞으로 나가거나 뒤로 떠밀리는 정도가 아니라 컨트롤 자체가 불가능해지기 때문이다. 조류가 바뀌는 순간에는 버틸 수 있을 것 같기는 하지만 워낙 순식간에 바뀌는 데다가 시계가 없었던 때라 언제 변하는지 예측하는 것도 거의 불가능하기 때문이다.

벽파에서 우수영으로 흐르는 조류를 탔을 때는 우수영 앞바다, 그러니까 양도까지 한 번에 흘러갔다. 직접 보트를 타고 돌아본 상황을 바탕으로 짐작해 볼 때 우수영을 옆에 낀 양도 앞바다와 진도대교 사이에서 전투가 벌어졌을 가능성이 높다는 결론을 내렸다. 이순신 장군은 아마 아침에 준비를 마치고 우수영에서 대기하고 있다가 일본 함대가 접근한다는 보고를 받고 바로 출격한 것 같다. 우수영 앞바다로 나와서 바로 왼쪽으로 90도를 틀면 진도대교가 보이는데 여기부터 임하도까지는 벽파 앞바다만큼이나 넓은 곳이라서 소수가 다수의 적을 상대하기 어려워 보였다.

게다가 임하도 서쪽 바다는 너무 넓어서 앞에서 싸운 이순신 장군의 상선과 더 멀리 도망친 김억추의 전선을 제외한 11척의 배가 막는 건 불가능하다. 그렇다면 앞으로 나아갔다는 이순신 장군의 상선은 어디 있었고, 전투는 어떻게 벌어졌을까?

13척의 배로 조선의 운명을 구하다

운명의 1597년 9월 16일 아침, 이순신 장군은 200척의 적선이 나타났다는 보고를 받고 우수영 앞바다로 나간다. 어란포와 벽파진에서의 전투를 통해 이순신의 함대가 소수라는 것을 눈치챈 일본 수군은 조류가 벽파에서 우수영으로 흐르는 시간대인 오전에 공격을 개시한다.

물론 몇 시간 후에 조류가 바뀔 것이고, 조선 수군이 버티는 좁은 해협을 넘어가는 것이 어려운 일이라는 사실을 알고 있었겠지만 압도적인 전력 차가 그 문제를 해결해 줄 것이라고 믿었을 것이다.

이순신 장군은 회령포에서 벽파진까지 오는 동안 판옥선 한 척을 찾아내어 전력을 보강했지만 그래 봤자 13척에 불과했다. 거기에는 칠천량의 패전을 겪고 공포에 질린 병사들과 도망칠 궁리만 하는 장수들이 승선한 상태였다. 싸울 의지를 가지고 있던 것은 오랜 고문과 투옥 생활로 몸과 마음이 망가진 이순신 장군뿐이라고 해도 과언이 아니었다. 그런 공포감은 이순신 장군의 상선만 앞에 나가 있고, 다른 배들은 멀찌감치 떨어지게 되는 결과로 이어진다. 특히 김억추의 배는 다른 배들보다 더 뒤로 물러난 상태였다. 그 시간 동안 명량은 온전히 이순신만의 바다였다.

하지만 언제까지 그만의 바다가 될 수 있을까? 이 시점에서 한 가지 의문이 들었다. 조선 수군이 우수영을 나와 양도 앞바다에서 진을 치고 버텼다면 이순신 장군이 탄 상선은 그 앞에 있어야 했다. 『난중일기』에 1리를 뜻하는 한 마장이라고 했으니까 적어도 400미터 앞에 있었다는 이야기다. 양도 앞바다도 조류가 빠를 때는 버티기 어려운 곳인데 하물며 그 앞은 말할 것도 없었다. 명량해전이 벌어진 이른 아침의 조류는 벽파 쪽에서 계속 밀려오는 중이었다. 하지만 그 조류를 보면서 해답을 찾을 수 있었다. 만약 이순신 장군의 상선이 돛을 내리고 조류를 버텼다면 일본 수군이 오히려 접근하기 어려운 상태가 되기 때문이다.

이순신 장군은 일본 수군의 공격을 견디면서 부하 장수들을 독려했고, 결국 조류가 바뀌는 순간까지 버텼다. 전장은 지옥 같았을 것이다. 부서진 배와 시신은 바다에 버려진 쓰레기처럼 떠다니면서 진로를 가로막았을 것이고, 이런 가운데 노를 저어서 움직인다는 것은 더더욱 어려운 일이다. 그렇게 대치와 전투가 계속되면서 정오가 되었고, 조류가 우수영에서 벽파진 쪽으로 바뀐다. 이순신 장군이 기다리고 기다리던 순간이었고, 일본 수군으로서는 상상하기도 싫었던 순간이었다.

조류의 속도가 높아지면서 일본 수군의 공격도 끝이 났다.『난중일기』에는 승세를 타서 추격했다고 나와 있지만 어차피 10노트 이상의 조류가 밀려오면 일본 수군으로서는 버틸 수가 없었을 것이다. 조류에 떠밀려 가던 일본 수군은 조선 수군에게 난타당하면서 명량에서 쫓겨났다. 일본군이 멀리 물러난 것을 확인한 이순신 장군은 함대를 이끌고 당사도로 퇴각한다. 이날의 전투를 기록한『난중일기』의 말미에 이렇게 적혀 있다.

이번 일은 실로 천행이었다.

그것은 이순신 장군 개인뿐만 아니라 당시 조선에도 그리고 오늘

울돌목을 바라보고 있는 이순신 장군의 동상.

날의 우리에게도 천행이었다.

　우리는 과거에 빚을 지고 있다. 13척의 배로 조선의 운명을 구한 이순신에게, 압도적인 적군에 맞서 싸운 조선 수군에게 말이다. 조류를 느끼기 위해서 속도를 최대한 늦춘 보트는 빠른 속도로 떠밀려 갔다. 그런 거칠고 험한 바다에서 열 배가 넘는 적과 맞서 싸우던 그분의 심정은 어땠을까? 명량의 급류 위에 서서 온몸으로 역사를 느꼈다.

우수영

어떻게 돌아봐야 할까?

진도와 해남의 우수영 근처는 관광지로 개발되었기 때문에 볼거리가 많이 있다. 진도대교 아래에서 보면 명량의 격류를 온몸으로 느낄 수 있다. 벽파항의 뒷산에는 전적비가 있으니 꼭 올라가 볼 것을 권한다.

진도타워의 전망대에 오르면 명량해협이 잘 보인다. 벽파항 자체가 삼별초의 항몽 유적지이고, 망금산 쪽으로는 삼별초가 세운 용장산성 유적지가 있다. 그 밖에 조선시대의 대표적인 화가 소치 허련이 머물렀던 운림산방도 볼 만하다.

● 명량해전 이동 경로
조선 수군은 해남의 우수영에 정박해 있다가 일본 수군이 명량을 넘어오려 하자 맞서 싸웠다. 치열한 전투 후 일본 수군이 물러나자 조선 수군은 당사도로 퇴각한다.

2

권력을
둘러싼
결정적 장면

아들, 아버지에게 칼을 겨누다
제1차 왕자의 난

태조 7년(1398년) 8월 26일

말을 타고 앞서 가다가 돌아온 이숙번李叔蕃이 앞을 막아선 군사들에게 군호[1]를 외쳤다.

"산성!"

군사들이 물러나자 이숙번은 정안군 이방원李芳遠에게 다가와서 고했다.

"송현방에 삼봉[2]과 측근들이 모두 모여 있다고 합니다."

---

1 조선시대 군사들이 주고받던 암구호. 말마기라고도 불렀다.
2 정도전의 호.

"남은의 첩 집에 말인가?"

"그렇사옵니다."

이숙번의 이야기를 들은 이방원이 칼을 든 채 앞장서 걷던 몸종 소근에게 말했다.

"서둘러라."

"예!"

소근이 달음박질로 앞서 나가자 다른 군사들도 그 뒤를 따랐다. 갑옷을 추스른 이방원 역시 고삐를 잡고 말을 빨리 몰았다. 등불이 내걸린 집 대문 밖에는 세 필의 말이 매여 있었고, 안팎으로 몸종 몇 명이 대청 기둥에 몸을 기댄 채 잠이 들었거나 꾸벅꾸벅 조는 중이었다. 사랑채는 불이 환하게 밝혀져 있었는데 더위 때문인지 반쯤 열어 놓은 문으로 떠들썩한 웃음소리가 들려왔다. 집 안의 동태를 살핀 이방원이 소근에게 말했다.

"가서 살펴보고 오너라."

칼을 움켜쥔 소근이 집으로 다가가서 뒷문을 통해 안으로 들어갔다. 이방원의 옆에 있던 이숙번이 동개³에서 활을 꺼내어 명적⁴을 끼웠다.

---

3 활과 화살을 꽂아서 어깨에 두르는 도구.
4 소리가 나는 화살. 전쟁터에서 신호용으로 사용했다.

 이방원이 군사들에게 지시했다.

"소근이 안에 있는 자들을 확인하면 이웃집에 불을 지르고 공격하라."

잠시 후, 문을 열고 나온 소근이 크게 고개를 끄덕거렸다. 그걸 본 이숙번이 집을 향해 명적을 날렸다. 마치 피리 소리 같은 명적 소리가 길게 이어지자 군사들이 함성을 지르며 집 안으로 진입했다. 남은 몇 명은 근처 집들에 횃불을 던져서 불길을 일으켰다.

밖에서 들려오는 갑작스러운 소리에 놀란 정도전과 참석자들이 문을 박차고 나왔다. 때마침 뒷문으로 밀고 들어간 이방원의 군사들이 그들을 향해 칼날을 휘둘렀다. 비명과 고함 소리가 어둠 속에서 뒤엉켜 들려오는 가운데 군사들이 지른 불길이 주변을 환하게 밝혔다.

그사이, 소근이 대문을 열고 이방원은 이숙번의 호위를 받으며 마당으로 들어갔다. 마당에는 군사들의 칼날에 목숨을 잃은 시신들이 보였다. 말에서 내린 이숙번이 횃불을 들이대면서 시신들을 확인했다.

"이자는 심효생이고, 그 옆은 장지화입니다."

잠시 후, 군사들이 피투성이가 된 시신 하나를 질질 끌고 왔다. 군사 하나가 시신의 상투를 움켜잡고 머리를 들어 올리자 횃불을 갔다 댄 이숙번이 확인했다.

"이근입니다."

시신들을 확인한 이숙번에게 이방원이 걱정스러운 말투로 물었다.

아들, 아버지에게 칼을 겨누다 – 제1차 왕자의 난

"나머지는? 삼봉도 안 보이는군."

"염려 마십시오. 빈틈없이 포위했으니 도망치지 못할 겁니다."

군사들에게 샅샅이 뒤지라고 지시하던 이숙번이 갑자기 사랑채 옆의 별채 쪽으로 활을 겨눴다. 시위를 떠난 화살이 어둠을 뚫고 날아가 기둥에 박혔다. 화살이 부르르 떨리는 소리를 내는 가운데 문 안쪽에서 희미한 목소리가 들렸다.

"쏘지 마시오. 나는 이무라고 하오."

목소리를 들은 이방원이 이숙번에게 말했다.

"죽이지 말게."

활을 거둔 이숙번이 접근하려는 부하들에게 가지 말라고 고개를 저었다. 문을 열고 나온 이무가 마당에 무릎을 꿇었다. 집에 들이치면서 군사들이 지른 불길이 더 거세져 지붕까지 치솟자 몸종 몇 명이 올라가서 불을 끄느라 안간힘을 썼다. 이숙번은 군사들의 보고를 이방원에게 고했다.

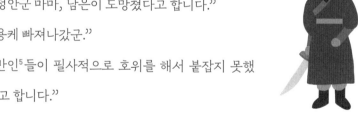

"정안군 마마, 남은이 도망쳤다고 합니다."

"용케 빠져나갔군."

"반인5들이 필사적으로 호위를 해서 붙잡지 못했다고 합니다."

---

5 성균관의 허드렛일을 하는 노비들로 반촌에 모여 살았다.

"그자는 별로 중요하지 않으니 일단 삼봉부터 찾게."

그때 백저포[6] 차림의 사내가 그의 앞에 나타나 무릎을 꿇었다.

"소인은 판사 벼슬을 지낸 민부라고 하옵니다. 지금 우리 집 침실에 삼봉이 숨어들었습니다."

"정말인가?"

"배가 불룩한 놈이 칼을 들고 안방으로 숨어들었습니다."

민부의 말을 들은 이방원이 눈짓을 하자 소근이 군사 몇 명을 데리고 민부의 집으로 뛰어갔다. 잠시 후, 이숙번의 부축을 받으며 말에서 내린 이방원 앞에 정도전이 끌려 나왔다. 그를 끌고 온 소근이 발치에 작은 칼을 던졌다. 무릎이 꿇린 정도전이 고개를 들어 이방원을 바라봤다. 허탈함으로 가득 찬 정도전의 얼굴에 이방원은 살짝 승리감을 느꼈다. 마른침을 삼킨 이방원이 도로 말에 올라타면서 소근에게 말했다.

"죽여라."

소근은 피 묻은 칼로 정도전의 가슴을 찔렀다. 비명을 삼킨 정도전이 옆으로 쓰러지는 소리가 났다. 고삐를 당긴 이방원이 이숙번에게 말했다.

"삼군부로 간다."

"소인이 앞장서겠습니다."

---

6 고려 말과 조선 초기 남자들이 두루 입던 하얀색 겉옷.

불세출의 명장, 이성계

조선을 건국했다는 사실에 가려져서 그렇지 이성계李成桂는 고려 후기를 대표하는 무장이었다. 고려는 물론 삼국시대와 조선을 통틀어 남북으로 종횡무진하면서 몽골군과 왜군들을 번갈아 가며 격파한 것은 그가 유일했다. 한 번도 패배하지 않았다는 사실은 쌍성총관부 출신의 촌놈이자 고려를 배신하고 원나라에 붙은 역적의 후손이라는 핸디캡을 말끔하게 지워 버리는 것은 물론, 새로운 왕조를 여는 데 결정적인 역할을 했다. 더불어 아버지 이자춘이 쌍성총관부[7]를 공격하는 고려에 내응內應하면서 이성계 역시 아버지를 따른다.

1361년, 공민왕恭愍王의 총애를 받으며 동북면의 실력자로 부상한 이자춘이 세상을 떠나자 이성계가 전면에 등장한다. 그리고 아버지를 능가하는 존재감을 드러내며 출세의 길을 걷기 시작한다. 고려의 조정 관리들은 여전히 그를 이방인 취급하면서 무시했지만 공민왕의 지지와 총애를 받으면서 성공 가도를 달린 것이다.

충숙왕忠肅王의 두 번째 아들로 태어나서 강릉대군으로 봉해진 공민왕의 즉위 과정은 그야말로 악전고투의 연속이었다. 어린 시절 원나라에 인질로 끌려가는 비극을 겪었지만 이로 인해 그는 오히려

---

7 원나라가 고려의 철령 이북 땅을 차지하고 설치한 행정기관.

원나라를 둘러싼 국내외 정세를 살펴볼 수 있는 기회를 얻었다. 남송을 멸망시키고 중국을 장악한 원나라는 내부의 권력 다툼과 백성들의 잇따른 반란으로 인해 쇠락의 길을 걷고 있었다.

이를 직접 목격한 강릉대군은 일단 원나라 왕족의 딸인 노국대장공주와 결혼하면서 입지를 굳힌다. 형인 충혜왕忠惠王이 폭정과 음행을 일삼다가 원나라로 끌려온 뒤 귀양길에 죽으면서 그에게 기회가 온다. 하지만 왕위는 충혜왕의 어린 아들들에게 차례대로 돌아갔고, 강릉대군은 결국 1351년에 고려로 돌아와서야 임금의 자리에 오를 수 있었다.

왕위에 오른 공민왕은 원나라의 간섭을 배제하는 반원 정책을 펴는 한편, 왕권을 위협하는 존재가 되어 버린 기철을 비롯한 기씨 집안을 제거했다. 기씨 집안은 원나라에 궁녀로 갔다가 황후가 된 기황후를 믿고 함부로 힘을 과시했던 것이다. 아울러 이색李穡과 정몽주鄭夢周를 포함한 신진사대부[8]들을 육성해서 개혁 정책을 펼쳐 나갔다. 하지만 안타깝게도 공민왕에게는 시궁창 같은 현실이 기다리고 있었다.

붉은 두건을 쓰고 다닌다고 해서 홍건적紅巾賊으로 불린 원나라 반란군이 토벌대에게 밀려 두 차례나 고려의 국경을 넘어온 것이

---

8 성리학을 배운 젊은 관리들을 지칭하는 말.

다. 1359년의 1차 침공은 오늘날의 평양인 서경西京이 함락당하는 피해를 입는 정도에 그쳤지만 1361년의 2차 침공은 도성인 개경이 함락당하면서 공민왕이 안동까지 몽진을 가야 하는 일이 벌어졌다.

정세운이 이끄는 고려군이 반격에 나서면서 겨우 개경을 탈환했지만 공민왕의 개혁 정책은 상당 부분 후퇴할 수밖에 없었다. 설상가상으로 왜구들이 본격적인 노략질에 나서면서 고려는 남북으로 침략에 시달려야만 했다. 이때 두각을 나타낸 것이 바로 이성계였다.

신궁神弓으로 명성을 떨친 이성계는 가별초家別抄라고 불리는 사병 집단을 이끌고 홍건적에게 함락당한 개경을 공격했다. 선인문을 뚫고 들어간 이성계는 홍건적의 반격에 목숨을 잃을 뻔하지만 위기를 넘긴다. 개경을 되찾은 정세운을 비롯한 고위급 장수들이 김용의 흉계에 의해 어이없이 목숨을 잃는 와중에도 이성계는 조용히 공로를 쌓아 갔다.

이성계는 개경 수복전에 참여하기 이전에 이미 독로강만호 박의가 일으킨 반란을 진압한 적이 있었고, 개경 수복전 이후에는 원나라 장수 나하추가 쳐들어오자 동북면병마사로 임명되면서 전장에 나갔다. 이성계는 백전노장인 나하추를 상대로 밀고 밀리는 접전을 펼치다가 매복한 병력을 이용해서 큰 타격을 입혔다. 고려의 북방을 위협하는 골칫거리였던 나하추는 난생처음 당한 패배를 뒤로한 채 물러나야만 했다. 그 후 개혁 정책으로 자신의 집안이 몰살당한 것에 분개한 기황후가 왕족인 덕흥군을 앞세워서 고려를 침략하자 역시 가별초를 이끌고 나가서 단숨에 격파했다. 하지만 이성계가 불패의 명성을 떨치고 고려의 구원자로 자리매김한 것은 남쪽이었다.

당시 일본은 남북조로 나눠지면서 중앙 통제력이 약화된 상태였다. 지방 영주들은 이 틈을 노려서 해적들을 은밀히 후원했는데 이들은 고려와 원나라로 쳐들어가 노략질을 일삼았다. 처음에는 곡식을 싣고 가는 조운선을 노리는 수준이었지만 나중에는 아예 땅에 상륙해서 성을 공격하는 수준까지 이르렀다. 심지어 개경의 코앞에 위치한 교동도를 점령하기도 했다. 길어 봤자 1년이면 물러갔던 홍건적이나 나하추의 군대와는 다르게 수십 년 동안 이런 일이 반복되면서 고려는 그야말로 치명타를 입었다.

물론 고려도 당하고만 있지는 않았다. 1376년 최영崔瑩이 이끄는 고려군이 홍산에서 왜구를 격파했고, 1380년에는 최무선이 제작한 화약을 이용해서 진포에 정박하고 있던 왜구의 배 500척을 불태워 버렸다. 돌아갈 길이 막힌 왜구는 남쪽 지역을 휩쓸면서 개경으로 진격할 것이라고 큰소리를 쳤다. 삼도순찰사로 임명된 이성계는 가별초와 고려군을 이끌고 남하했다. 남원성을 공격 중이던 왜구는 이성계의 부대가 접근한다는 소식을 듣고 황산으로 물러났다. 험한 지형을 이용해서 이성계의 공격을 막을 생각이었던 것이다. 하지만 이성계는 깎아지른 절벽같이 험한 황산으로 직접 말을 몰고 올라가서 왜구를 공격했다.

완강하게 저항하던 왜구는 지휘관인 아지발도가 이성계와 이지란이 쏜 화살에 맞아 숨지자 황급히 도망쳤다. 추격에 나선 고려군은 왜구들을 전멸시켰다. 황산대첩荒山大捷이라고 부르는 이 전투는 글자 그대로 고려를 구원해 주는 큰 승리가 되었다. 변방의 촌뜨기 무장에서 일약 스타가 된 이성계는 주목의 대상이 되었다. 일단 같은 무장이자 백전노장 최영이 그를 눈여겨보면서 가깝게 지냈고, 공민왕이 양성한 신진사대부들은 정몽주와 가까워졌다. 특히 신진사대부 가운데 한 명이지만 뭔가 특별했던 정도전과의 만남은 이성계의 운명을 크게 바꿔 놨다. 그 와중에 개혁 정책을 실시하던 공민왕은 사세위[9] 소속의 홍륜 등에게 암살당하고 만다.

이인임 등에 의해 옹립된 우왕禑王은 1388년, 돌연 랴오둥 정벌을 주장한다. 지휘관으로 낙점된 이성계는 불가하다는 견해를 밝히지만 무시당하고 만다. 결국 랴오둥 정벌군을 이끌고 압록강에 있는 위화도까지 간 이성계는 우왕이 보낸 내시를 감금하고 회군回軍을 단행한다. '위화도회군'이라고 불리는 이 역사적 사건으로 인해 고려왕조는 사실상 막을 내린다.

---

9 공민왕이 신변 보호를 위해 설치한 기관으로 고위 대신들의 자제로 구성되었다.

9일 만에 개경을 포위하고 점령한 이성계는 우왕을 몰아내고 창왕昌王을 즉위시킨다. 이후 반대파들을 제거하면서 명분을 쌓아 갔고, 결국 1392년 고려를 멸망시키고 조선을 건국하게 된다. 고려의 구원자에서 새로운 왕조의 개창자로 변신한 순간이다. 이성계는 새로운 왕조를 세우는 데 성공했지만 또 다른 싸움을 벌여야 했다. 이전 싸움은 창칼을 든 외부의 적이 대상이었다면 이번 싸움은 핏줄을 무기로 한 가족이 대상이었다.

왕의 아들

이방원이 벌인 왕자의 난을 이해하려면 먼저 '경처'와 '향처'에 대해 알아야만 한다. 각각 서울 경京과 고향 향鄕 자를 썼는데 글자 그대로 서울의 부인과 고향의 부인을 뜻한다. 고려 후기에는 전쟁과 피난을 비롯한 여러 가지 이유로 혼인 제도가 어지러웠다. 원래는 한 명의 부인만 두도록 되어 있지만, 지방에서 태어나 혼인한 사람이 개경으로 올라와 다시 혼인하는 경우가 빈번해진 것이다. 개경으로 올라와 출세하려고 한 경우 유력한 집안의 사위가 되는 것이 반드시 필요했기 때문이다. 당사자는 장인과 처가의 인맥을 이용할 수 있었고, 장인의 입장에서는 실력 있는 사위를 품어서 집안의 세력을 넓힐 수 있었다. 이런 이유로 고려 후기 집권층 대부분은 경처와 향처를 뒀다.

이성계도 예외는 아니어서 동북면 영흥에서 태어난 한씨와 먼저 혼인했다. 하지만 중앙에 진출한 이후 강씨와 다시 혼인했다. 따라서 한씨는 향처, 강씨는 경처가 되었다. 조선시대 처妻와 첩妾의 개념으로 본다면 먼저 결혼한 한씨가 처가 되고 강씨가 첩이 되겠지만 문제가 있었다. 이성계는 자신을 헌신적으로 도와준 강씨를 더 좋아했다. 대부분 경처가 향처에 비해서 집안 세력이 큰 편이었다. 거기다 개경으로 올라온 남편의 출세에 결정적인 도움을 주는 경우가 많았기 때문에 쉽사리 처와 첩을 구분할 수 없었다. 그나마 이성계의 경우 향처인 한 씨가 조선이 건국되기 직전에 세상을 떠나 강씨가 왕후로 올라서는 데 별문제가 없었다.

하지만 문제는 그 자식들이었다. 먼저 결혼한 신의왕후 한씨는 이방우를 비롯한 장성한 자식을 여럿 낳았지만 뒤늦게 결혼한 신덕왕후 강씨는 이방번과 이방석 두 아들만 낳았다. 왕위 계승은 원래 장자 상속이 원칙이지만 이성계는 강씨를 더 사랑했기 때문에 그녀의 두 아들 중 막내인 이방석을 세자로 책봉했다. 거기에는 사병 혁파 문제를 비롯해서 여러 가지 문제를 놓고 한씨 소생의 자식들과 갈등을 벌인 개국공신 정도전의 의도도 들어가 있었다. 선죽교에서 정몽주를 죽이라고 시킬 정도로 과격하고 야심이 넘치던 한씨의 다

정도전 집터 표지석.

섯 번째 아들 이방원은 이에 가장 강력하게 반발했다. 정도전 역시 자신이 꿈꾸는 국가를 만드는 데 이방원이 가장 큰 걸림돌이 될 것이라고 예상했기 때문에 양측의 갈등은 점점 커져 갔다.

그 와중에 신덕왕후 강씨가 병에 걸려 세상을 떠났고, 사랑하는 아내의 죽음에 상심한 이성계는 앓아눕는 일이 빈번했다. 왕이라는 거목이 흔들리자 그 밑의 그늘에서 여러 움직임이 펼쳐졌다. 특히 이성계가 막내인 이방석을 세자로 삼은 것에 대한 왕실 내부의 불만이 컸다. 이들은 자연스럽고 공공연하게 야심을 드러내며 충분한 실력을 갖춘 이방원에게 모여들었다.

숙청의 밤

이성계가 조선을 세운 지 7년째 되던 해인 1398년, 그해 8월 26일 의 실제 날씨는 잘 모르겠지만 궁궐과 주변은 한없이 더웠을 것이 다. 이성계가 병으로 눕는 바람에 정도전을 비롯한 대신들과 종친 들이 모두 경복궁으로 들어와서 숙직하던 상태였기 때문이다. 언제 왕의 죽음이 전해져도 이상하지 않았을 때라서 다들 신경이 곤두섰 고, 비상사태를 대비해서 궁궐 수비대도 삼엄하게 경계를 서는 중 이었다.

사건은 8월 26일 밤에 벌어진다. 실록에는 당시에 일어난 일을 상 세하게 설명하고 있지만 집필 시기가 이방원이 태종으로 즉위한 이 후였다는 점을 감안해야 한다. 실록에서는 정도전이 심효생, 남은 등과 모의해서 태조 이성계의 병환이 위독하다는 핑계를 대고 한 씨 소생의 대군들을 모두 입궐시킨 다음 암살하려는 음모를 꾸몄다 고 전한다. 하지만 위험을 감지한 이방원은 측근인 안산부사 이숙번 에게 군대를 이끌고 와서 미리 대기하라고 일러두고 입궐한다.

이런 상황에서 이방원의 부인 민씨가 갑자기 배가 아프다며 입궐 한 남편을 부른다. 소식을 듣고 돌아온 이방원은 부인과 처남 민무 질과 민무구 그리고 명령을 받고 올라온 이숙번 등과 이야기를 나 누고 다시 입궐한다. 등불이 모두 꺼져 있고 이상한 분위기를 감지 삼군부 터 표지석.

한 이방원은 잠깐 화장실에 들어갔다가 서문인 영추문을 통해 집으로 돌아온다.[10] 그리고 대기하고 있던 이숙번, 민무구, 민무질, 조영무, 신극례 등과 합류한다. 이숙번이 아군과 적군을 구분할 군호를 알려 달라고 하자 이방원은 '산성山城'이라는 두 글자를 알려 준다. 이방원은 곧장 삼군부로 나아간다.

삼군부는 현재 정부서울청사 자리에 있었던 관청으로 글자 그대로 삼군을 통제하고 지휘하는 관청이었다. 현재 삼군부의 총무당은 한성대 근처의 공원으로 이전되었고, 청헌당은 육군사관학교로 옮

10 실록에는 "본저동구군영(本邸洞口軍營)"이라고 나와 있다. 자신의 집 근처 군대 주둔지라는 뜻이다.

아들, 아버지에게 칼을 겨누다 – 제1차 왕자의 난

겨져서 표지석만 남아 있다. 그러니까 이방원은 측근들을 이끌고 광화문의 코앞에서 진을 친 것이다. 실록에는 소수의 측근들만 거느렸다고 나와 있지만 이방석의 지시를 받은 관리가 궁궐에서 내다봤을 때 광화문에서 남산까지 기병들로 가득해서 두려움에 떨었다는 기록이 남아 있다. 처음에는 소수의 측근들을 거느리고 삼군부로 갔으나 예전 사병들이 합류하면서 숫자가 불어난 것으로 보인다. 그렇다면 이방원은 어떻게 집에서 이곳까지 왔을까?

이방원의 집터는 쉽게 찾을 수 있다. 바로 서촌 자하문로에 세종대왕이 탄생한 곳이 있기 때문이다. 세종대왕世宗大王은 아버지 이방원이 왕자의 난을 일으키기 1년 전인 1397년에 태어났다. 어쩌면 이방원은 부하들과 집을 떠나기 전에 잠이 든 세종대왕을 잠시 보고 떠났을 수도 있다. 자하문로에서 자하문로9길로 접어드는 사거리에서 청와대 방향으로 조금만 올라가면 길거리에 세종대왕이 탄생한 곳이라는 표지석이 보인다.

이곳에서 출발한 이방원은 자하문로를 따라 쭉 내려왔다가 지금의 경복궁역사거리에서 왼쪽으로 방향을 틀어서 광화문 앞 육조거리의 제일 끝에 있던 삼군부에 도착한다. 1923년 전차 부설 공사로 사라진 서남쪽 망루 서십자각에서 경계를 서던 병사들은 뭔가 이상한 낌새를 챘을 것이다. 지금은 차들이 쉴 새 없이 지나다니고 사람들도 적지 않게 걸어 다니는 번잡한 곳이지만 당시 자하문로는 지

세종대왕 탄생지를 알리는 표지석.

금처럼 붐비지 않았을 것이다. 그곳을 비장한 표정으로 말을 타고 가는 이방원과 측근들을 마주친 사람들은 정말로 어리둥절했을 것이다.

미리 대기하고 있었든지, 아니면 소식을 듣고 달려왔든지 병사들이 모여들면서 삽시간에 육조거리 전체를 채웠을 것으로 보인다. 궁궐 안에서 이 광경을 본 이방석과 측근 세력은 저항할 생각을 포기했다. 물론 궁궐을 지키는 친위 부대는 건재했으며, 이들은 이성계를 따라 랴오둥 정벌부터 황산대첩까지 온갖 전투를 경험한 백전노장들이었다. 하지만 이들 역시 임금의 아들인 이방원에게 창을 겨누지는 못했다.

당시 궁궐을 지키던 박위와 조온이 조금 더 과감했다면 모르겠지만 궁궐 밖에 진을 치고 있는 게 다른 사람이 아닌 이방원이었으니 생각이 복잡했을 것이다. 이런 대치 상황은 밤새 이어지는데 그사이, 이방원은 중요한 일을 하나 처리한다. 바로 정도전과 측근 세력을 제거한 것이다. 당일 실록에는 마치 우연찮게 지나가다가 그들이 있는 것을 발견한 것처럼 묘사되어 있다.

> 밤이 2경인데, 송현松峴을 지나다가 숙번이 말을 달려 고하였다.
> "이것이 소동小洞이니 곧 남은 첩의 집입니다."

보고를 받은 이방원은 몸종인 소근과 병사들을 시켜서 그들이 있는 집을 포위한다. 정도전과 남은은 아무것도 모르고 술잔을 기울이는 중이었다고 나온다. 이방원의 부하들이 옆집에 불을 지르고 기습을 가하자 심효생과 장지화 등은 그 자리에서 목숨을 잃었고, 이웃집으로 도망쳤던 정도전은 끌려 나와서 살려 달라고 애걸하다가 목숨을 잃었다. 조선 개국의 일등 공신인 정도전의 허망한 최후였다.

남은은 반인들의 도움으로 겨우 목숨을 건져서 도망친다. 사건이 벌어진 송현은 소나무 고개를 뜻하는데 예전에 한국일보 사옥이 있었고, 지금은 트윈트리타워가 자리하고 있다. 경복궁의 동남쪽 망루 동십자각 맞은편이다. 따라서 종로 일대의 지도를 놓고 보면 뭔가 어색한 점을 찾을 수 있다. 이방원이 자하문로에 있는 집에서 나와서 지금의 정부서울청사가 있는 삼군부에 도착했다면 반대편에 있는 송현을 지나갈 일이 없기 때문이다.

이방원은 아마 송현에 있는 남은 첩의 집에 정도전과 그의 무리가 모여 있다는 정보를 처음부터 알고 있었을 것이다. 게다가 사건을 기록한 실록의 서술 순서를 놓고 보면 이상한 점이 눈에 띈다. 집에 돌아와서 측근과 함께 삼군부에 진을 치는데 우연찮게 송현을 지나가다 남은 첩의 집에 있던 정도전 일행을 공격한 것처럼 나온다. 하지만 광화문에서 남산까지 이방원의 무리가 진을 친 상황에 코앞인 송현에서 정도전이 한가롭게 술잔을 기울일 상황은 아니었을 것이다.

설사 그렇다고 해도 바깥의 이상한 움직임을 눈치채고 경복궁으로 돌아갔을 것이다. 만약 이방원이 삼군부에 모습을 드러냈을 때 정도전이 경복궁에 있어서 이성계를 설득하여 궁궐 수비대를 움직였다면 상황은 많이 달라졌을 것이다. 이방원이 반란을 일으켰을 때 가장 큰 걸림돌은 이성계나 궁궐 수비대가 아니라 정도전이었다. 그러니까 삼군부가 있는 정부서울청사를 거쳐서 사직로를 따라 경복궁 사거리에 있는 트윈트리타워 쪽으로 이동했다고 봐야 할 것이다.

아들, 아버지에게 칼을 겨누다 – 제1차 왕자의 난

송현이 있던 자리로 추정되는 곳에 세워진 트윈트리타워.

우연찮게 지나간 것이 아니라 애초부터 그곳을 목표로 움직인 셈이다. 따라서 제일 먼저 그를 제거했을 가능성이 높다고 할 수 있다. 실록에서는 이방원의 반란이 정도전을 비롯한 그 일파의 음모를 막기 위한 것이라고 포장해야 하기 때문에 일정 부분 윤색이 더해졌다고 봐야 할 것 같다. 대표적으로 정도전이 도망쳤다가 끌려나와서 살려 달라고 애원하다가 죽는 것으로 나오지만 전문가나 학자들 어느 누구도 그 이야기를 믿지 않는다. 더군다나 정도전의 음모라는 것이 태조 이성계가 병을 앓고 있는 상황에서 그의 아들들을 해치우려고 했다는 것이다.

아무리 정도전이 이성계의 신임을 받고 있다고 해도 벌일 수 있는 일이 아니다. 따라서 제1차 왕자의 난과 그 와중에 송현에서 벌어진 정도전과 측근 세력의 죽음은 전적으로 왕위를 차지하기 위한 이방원의 계획된 행동이라고 봐야 할 것이다.

이방원이 일으킨 나비효과

정도전 일파를 제거하는 데 성공한 이방원은 계속 궁궐을 압박한다. 당시 궁궐은 대마도 정벌의 영웅 박위와 이성계의 친척인 조온이 함께 지키고 있었는데 조온은 바로 항복했고, 박위는 꾸물거리다가 의심을 사서 목숨을 잃고 말았다. 궁궐 수비대는 애초에 이성계의 친위대였고, 이방원과도 가까웠기 때문에 이성계의 명령이 없는 한 공격할 의지가 없었을 것이다. 게다가 불려 온 대신들 중 이방원 반대파는 차례차례 목숨을 잃는 와중이었다. 유일하게 이성계의 사위인 흥안군 이제가 군사들을 거느리고 가서 이방원을 공격하겠다고 했지만 이성계가 허락할 리 없었다.

더군다나 함께 있던 이성계의 이복형제인 의안군義安君 이화李和[11]는 집안일에 나설 필요가 없다고 딱 잘라 말한다. 그러면서 이방

---

11 이성계의 아버지 이자춘이 첩에게서 낳은 아들로 이성계의 서제에 해당한다.

원의 반대 세력은 미리 제거되거나 혹은 지리멸렬하게 되었다. 남은 건 숙청과 죽음뿐이었다. 어물쩍거리면서 시간을 끌려고 했던 박위와 유만수를 시작으로 이방번과 이방석 형제가 모두 죽임을 당했고, 반인들의 도움으로 도망쳤다가 제 발로 걸어와서 자수한 남은 역시 살아남지 못했다. 자식과 측근들이 차례대로 죽는 것을 보면서 이성계가 할 수 있는 일은 아무것도 없었다.

홍건적과 왜구를 비롯해서 자신의 앞을 가로막던 모든 적을 무릎 꿇게 만들었던 불패의 명장 이성계의 유일한 패배였다. 주도권을 장악한 이방원은 자신의 정치적 야심을 감추기 위해 둘째 형인 영안군 이방과에게 왕위를 물려준다. 그가 바로 조선의 두 번째 임금으로, 정종이라고 쓰고 허수아비라고 읽는다. 왕자의 난은 조선 건국 이래 처음으로 겪는 왕실 내부의 다툼이자 권력층의 세력 다툼 과정에서 벌어진 무력 충돌이었다. 그 결과, 왕위 계승권과 어느 정도 거리가 있던 정안군 이방원이 추후 즉위하는 계기가 되었다. 이는 그의 셋째 아들 세종이 조선의 대표적인 성군이 되는 나비효과를 불러왔다.

어떻게 돌아봐야 할까?

거리가 짧고 시내 한복판이라서 걸어가는 것을 권한다. 세종대왕 탄생지 표석에서 출발하여 경복궁역사거리를 거쳐 삼군부 터 표지석이 있는 정부서울청사를 지나 트윈트리타워 쪽으로 직진하면 된다.
중간에 광화문과 광장을 둘러봐도 좋으며 종로구청 앞에 있는 정도전 집터도 돌아보는 것을 권한다.

● 제1차 왕자의 난 이동 경로
자하문로에 있는 이방원의 집에서 출발해 삼군부에 도착한 다음, 송현에 있는 남은 첩의 집으로 갔다가 다시 삼군부로 돌아왔다.

사모뿔을 빌리러 가는 길
계유정난

1453년(단종 1년) 10월 10일

수양대군首陽大君은 돈의문을 지나 밖으로 나오자 잠시 말을 멈췄다. 품 안에 철퇴를 감춘 채 고삐를 잡고 있던 몸종 임어을운이 걱정스러운 표정으로 돌아봤다.

"어디가 편찮으십니까?"

"아프다고 해도 멈출 수는 없지 않겠느냐? 잠시 숨을 좀 고르고 가도록 하자."

"예."

그사이 뒤따라오던 무사들 중 권경, 한명진 등 몇 명이 돈의문의 문루로 올라가서 주변을 살폈다. 사람이 너무 많이 따르면 김종서金宗瑞가

의심할 것이라는 한명회韓明澮의 조언 때문이었다. 남은 건 고삐를 잡은 임어을운과 양정楊汀, 유서柳漵뿐이었다. 양정은 칼을 한 자루 쥐고 있었고, 유서는 활과 화살을 가지고 있었다. 두 사람을 본 수양대군이 말했다.

"저들이 눈치챌 수 있으니 양정은 칼을 품에 감추고, 유서는 좀 떨어져서 오거라."

두 사람이 각각 알겠다고 하자 수양대군은 임어을운에게 말했다.

"가자."

임어을운이 고삐를 당기자 푸르르 떨던 말이 발을 뗐다. 언덕을 내려가자 김종서의 집이 보였다. 집 앞 대문에는 큰아들 김승규와 몇 명의 부하들이 서성거리는 중이었다. 그걸 본 양정이 칼을 뽑으려고 하자 수양대군이 혀를 찼다.

"지금 우리가 뭘 하러 왔는지 잊었느냐? 자중하라!"

"송구하옵니다."

양정이 고개를 숙인 채 걸음을 늦췄다. 수양대군 일행이 근처에 다다르자 김승규가 다가와 고개를 숙였다.

"대군께서 여기는 어인 일이십니까?"

"좌의정[1] 을 만나러 왔네."

---

1   당시 김종서의 직책. 영의정은 황보인이었고, 우의정은 정분이었다.

"잠시만 기다려 주십시오."

김승규가 부하들에게 눈짓을 하고는 대문 안으로 사라졌다. 잠시 후, 문을 열고 나온 김승규가 고했다.

"아버님께서 안으로 들라고 하십니다."

예상했던 대답이라 수양대군은 짐짓 난감한 표정을 지었다.

"밤이 어두워서 안으로 들어가기가 어렵겠네. 밖에서 잠시 이야기를 나누고 싶다고 청해 주시게."

난처한 얼굴로 김승규가 다시 안으로 들어가고, 잠시 후 김종서가 모습을 드러냈다. 일흔 살의 노인이고 작은 체격이었지만 눈빛만큼은 형형해서 지켜보던 양정조차 움찔했다. 김승규의 부축을 받으며 계단을 내려온 김종서가 고개를 조아렸다.

"연락도 없이 어인 일이십니까? 바람이 차니 안으로 드시지요."

헛기침을 한 수양대군이 고개를 저었다.

"당상관[2]과 대군이 집 안에 들어가서 이야기를 나누면 헛된 소리가 나올까 염려되어서 그럽니다. 사사로이 청할 게 있어서 찾아왔으니 잠시만 시간을 빌리겠습니다."

"하면 말씀하시지요."

---

2 정3품 이상의 품계를 가진 고위 관리.

김종서의 대답을 들은 수양대군이 곁으로 다가갔다. 그러자 옆에서 지켜보던 김승규의 눈빛이 차가워졌다. 한 손을 허리 뒤쪽으로 감췄는데 아마 뒤춤에 칼을 꽂은 것처럼 보였다. 하지만 수양대군은 대수롭지 않은 표정으로 말했다.

"듣자 하니 종부시[3]에서 영응대군[4] 부인을 탄핵한다고 합니다. 그 일을 대감께서 지휘하십니까? 그렇다면 부디 잘 생각해 주십시오. 좌의정은 대대로 임금의 총애를 받은 분이니 왕실 편에 서야 하지 않겠습니까?"

이야기를 들은 김종서는 하늘을 본 채 아무 말이 없었다. 기회를 노리고 있던 수양대군은 임어을운이 다가오는 것을 봤다. 지금은 때가 아니라고 생각한 수양대군이 호통을 쳤다.

"주인이 이야기하는데 어찌 감히 다가오느냐!"

그걸 본 김승규와 부하들은 긴장한 표정을 지었다. 낭패감을 느낀 수양대군이 말했다.

"좌의정과 은밀히 이야기를 나눠야 하니 물러서라!"

하지만 김승규와 부하들은 물러나지 않았다. 수양대군은 속으로 혀

---

3 조선시대 종친을 감찰하는 일을 맡은 부서.
4 세종대왕의 여덟 번째 아들이자 수양대군의 동생.

를 차면서 소매에서 편지를 꺼냈다.

"좌의정께 드릴 편지가 있습니다."

"누가 쓴 편지입니까?"

"지부사가 쓴 것입니다. 아마 노비와 관련된 것이겠지요."

양반들의 재산 목록 1호인 노비를 둘러싼 소송은 끊이지 않았다. 땅이나 재물처럼 딱 끊어서 나눌 수 있는 게 아니었기 때문이다. 그래서 지부사가 있는 도관은 항상 노비와 관련된 소송으로 드나드는 사람 때문에 문턱이 닳을 지경이었다. 오죽하면 노비 관련 소송을 대신 해주고 먹고사는 외지부[5]가 한둘이 아니었다.

김종서는 수양대군이 건넨 편지를 펼쳤다. 그리고 몇 걸음 물러나 달빛에 비춰서 읽어 내려갔다. 그걸 지켜보던 수양대군이 눈짓을 하자 임어을운이 번개같이 뛰쳐나가 철퇴로 김종서의 머리를 내리쳤다. 갑작스러운 공격에 김종서가 쓰러지자 이를 지켜보던 아들 김승규가 비명을 질렀다.

"아버지!"

양정이 칼을 뽑아 들고 달려드는 김승규와 부하들을 베어 버렸다. 순식간에 일이 끝나고 고요함이 찾아왔다. 양정이 칼을 흔들어서 묻어 있는 피를 털어 버리며 씩 웃었다.

---

5 조선시대에 존재했던 변호사와 같은 직업.

"해치웠습니다."

"잘했다. 이제 돌아가자."

임어을운이 냉큼 달려와서 고삐를 잡고 말 머리를 돌렸다.

명분 없는 거사

일본 영화 중에 〈의리 없는 전쟁〉이라는 야쿠자 영화가 있다. 겉으로는 의리에 목숨을 거는 것처럼 보이는 야쿠자들이 사실은 자신의 이익을 위해 같은 조직원을 배신하고, 충성을 바쳐야 하는 두목을 암살하는 모습을 보여 준다. 두목 역시 부하들을 지켜 주기는커녕 아무렇지도 않게 희생시킨다. 영화는 야쿠자들의 본 모습을 보여 주면서 큰 인기를 끌었다.

조선왕조 내내 여러 번의 반란이 시도되었다. 그중에서 성공한 것은 극소수인데 대표적인 것이 중종반정中宗反正과 인조반정仁祖反正이다. 이 두 반정 역시 실패했다면 '박원종의 난'과 '능양군의 난'으로 역사에 기록되었을 것이다. 이 두 차례의 반정을 제외하고는 모두 왕실 내부의 다툼이었다. 정안군 이방원이 일으킨 제1차 왕자의 난은 무인정사戊寅靖社라고도 불렸으며, 수양대군이 일으킨 계유정난癸酉靖難이 그 뒤를 이었다. 그중 계유정난은 정통성을 가진 임금을 삼촌이 끌어내린 사건이었다. 성공했기 때문에 반란 대신 정난이라는 이름이 붙었지만 실상은 추악한 음모의 결과물이다.

시작은 세종대왕의 큰아들 문종文宗의 죽음이었다. 1452년 6월, 재위에 오른 지 2년 만에 문종이 갑작스럽게 세상을 떠나자 어린 왕세자만 남았다. 몇 차례 세자빈이 교체되었기 때문에 외동아들인 왕세자의 나이는 불과 열두 살이었다. 더 큰 문제는 어머니인 현덕 왕후와 할머니인 소헌왕후가 모두 세상을 떠난 점이었다.

> 여러 신하들이 모두 통곡하여 목이 쉬니, 소리가 궁정에 진동하여 스스로 그치지 못하였으며, 거리의 소민들도 슬퍼서 울부짖지 않는 사람이 없었다. 이때 사왕嗣王이 나이 어려서 사람들이 믿을 곳이 없었으니, 신민의 슬퍼함이 세종의 상사보다도 더하였다.

문종이 세상을 떠난 1452년 5월 14일 자 실록의 기사 중 일부다. 여기서 사왕은 후사를 이을 임금을 뜻하는데 단종이 아직 정식으로 즉위하지 않은 상황을 말한다. 물론 조선의 임금 중에서 어린 나이에 즉위한 경우는 많았다. 그러면 성인이 될 때까지 왕실의 어른이 수렴청정을 하는데 대개 왕의 할머니나 어머니가 맡았다.

하지만 단종에게는 어머니도 할머니도 없었다. 다만 야심이 가득한 장성한 삼촌들만 득실거릴 뿐이었다. 문종도 이런 상황을 염려했는지 김종서와 황보인皇甫仁 같은 대신들에게 자기 자식을 잘 돌봐 달라고 부탁한다. 왕의 임종 시 국가의 대사를 부탁받은 이들을 고명대신顧命大臣이라고 부른다. 김종서는 북방의 호랑이라는 별명으로 불리며 4군 6진⁶을 설치한 주역이다. 사극에서는 김종서를 덩치 크고 험악한 무장으로 묘사하지만 실제로는 꼬장꼬장한 감찰 관료 출신이다. 황보인 역시 함길도와 평안도에 여진족을 막기 위한 방책을 구축하는 일을 성공적으로 수행한 공로가 있었다.

문종이 두 사람을 고명대신으로 삼은 것은 당시로서는 최선의 선택이었다. 문제는 자신의 사망 이후 노골적으로 야심을 드러낼 동생이 곁에 있다는 것을 상상하지 못했다는 점이다. 수양대군은 세종대왕의 둘째 아들로 문종의 아우이기도 하다. 어릴 때부터 활동적이었고 야심가였는데 그에 걸맞은 능력이 있어서인지 아버지인 세종대왕을 도와서 훈민정음 창제 작업과 이후 간행 사업에서 많은 공로를 세웠다. 하지만 형인 문종이 살아 있을 때는 아무런 꿈도 꾸지 못했다. 아무리 능력이 뛰어나고 아버지에게 인정을 받는다고 해도 형이 존재하는 한 야심을 드러낼 수는 없었다. 하지만 형의 갑작스러운 사망은 그에게 넘볼 수 없던 자리를 넘볼 수 있는 기회와 희망을 주었다.

그의 곁에는 높은 벽을 넘기 위해 날개를 달고 싶어 했던 한명회가 있었다. 조선의 개국공신인 한상질의 손자였지만 빈곤한 집안에 번번이 과거에 떨어져 주변의 비웃음을 받으며 살고 있었다. 하지만 한명회는 자신의 한계를 단번에 뛰어넘을 기회를 노렸다. 그가 찾은 기회는 바로 수양대군이었다. 감히 넘볼 수 없는 것을 넘보는

6 세종대왕 때 여진족을 물리치고 설치한 행정구역.

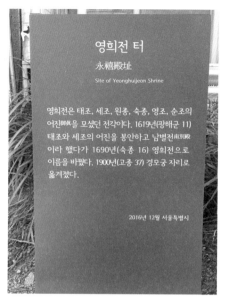
영희전 터를 알리는 표지판.

수양대군을 위해 한명회는 계책을 아끼지 않았다.

　주변 상황도 수양대군과 한명회에게 유리하게 돌아갔다. 수양대군은 한명회를 자신의 장자방이라면서 아꼈는데 장자방은 한나라를 세운 유방의 참모인 장량張良을 가리킨다. 한명회가 출세의 꿈을 품으며 쉴 새 없이 드나든 수양대군의 집은 한양 남부 훈도방에 있었는데 현재는 영락교회와 서울중부경찰서가 자리 잡고 있다.

　궁궐에서 태어난 수양대군은 1428년에 혼인을 하면서 궁 밖으로 나와 이곳에서 살게 된다. 나중에 임금의 자리에 오르면서 궁궐

임금들은 제사를 지내기 위해 수표교를 건너 영희전으로 향했다.

로 다시 들어간 수양대군은 이 집을 자신의 딸인 의숙공주와 사위에게 남겨 준다. 그 후, 후손들이 살다가 중종반정 이후 7일 만에 폐비된 단경왕후 신씨가 머물기도 했다. 임진왜란 이후 임금의 어진御眞을 보관하는 장소로 바뀌면서 영희전永禧殿이라는 이름으로 불렸다. 임금들은 명절에 제사를 지내기 위해 수표교를 건너서 이곳으로 행차했다. 을사늑약 이후 설치된 통감부統監府는 영희전을 철거해 버리고 경찰서를 세운다. 광복 이후에는 서울중부경찰서로 이어졌으며, 영역 일부에 영락교회가 세워지면서 예전의 흔적은 표지석으로만 남아 있다.

고명대신과 집현전의 갈등

대통령제를 채택한 자유민주주의 국가인 대한민국에서 최고의 권력은 국민에게서 비롯된다. 국민은 투표를 통해 자신의 권리를 행사한다. 선거철이 되면 정치인들은 길바닥에 무릎을 꿇고 절을 하는 것도 모자라, 삭발식을 비롯해 온갖 방식을 동원하여 국민의 지지를 얻고자 한다. 왕조시대의 권력은 '피'에서 나온다. 누구의 자식이고, 누구의 손자라는 것이 통치의 근본이 되고 힘의 기반이 된다.

세종대왕은 태종의 아들이라는 점에서 권위를 얻었고, 문종은 세종대왕의 큰아들이라는 점에서, 단종은 문종의 외아들이라는 점에서 권위를 이어받았다. 하지만 단종은 안타깝게도 너무 나이가 어리고 수렴청정해 줄 왕실의 어른이 없었기 때문에 고명대신들이 대신 국정을 운영해야만 했다. 고명대신은 관직 생활로 잔뼈가 굵었고, 임금의 신임을 받을 정도로 능력도 뛰어났지만 '피'는 없었다. 따라서 그들의 결정은 곧잘 반발을 불러왔다. 특히 황표정사黃標政事라고 불리는 방식이 거센 반발을 샀다.

보통 임금이 관리를 임명할 때 인사 담당 부서인 이조吏曹에서 세 명을 추천하여 명단을 올린다. 그러면 임금은 마음에 드는 사람의 이름 위에 점을 찍는데 이걸 낙점이라고 부른다. 그런데 단종 때는 고명대신들이 이조에서 올린 추천자 명단 중 한 명의 이름에 노란 종잇조각, 즉 황표를 붙였다. 그러면 단종은 낙점하는 대신 그 사람을 임명하는 방식이었다. 이것을 황표정사라고 하는데 임금이 아니라 관리가 지목하는 방식이라서 당연히 반발을 샀다. 실록에는 정부, 즉 삼정승[7]이 있는 의정부만 바라볼 뿐 임금이 있는 줄도 몰랐다는 식의 비판이 남아 있다. 특히 세종대왕의 총애와 지원을 받으며 성장한 집현전集賢殿의 젊은 관료들은 물론이고, 신숙주와 정인지도 황표정사를 비판했다. 고명대신들이 인사권을 사용할 때 당연히 자신들만의 기준이 있었을 것이고, 이에 들지 못한 사람들의 불만이 하늘을 찔렀다.

이런 불만은 신하들이 왕권을 휘두르는 것이라는 비판으로 이어졌고, 수양대군 같은 종친이자 야심가의 눈에는 곱게 보일 리가 없었다. 결국 수양대군 주변에 한명회를 비롯해서 출세를 꿈꾸는 권남과 홍윤성 같은 사람들이 모였다. 물론 김종서와 황보인 같은 고명대신들이 왕권을 탐내거나 우습게 본 것은 아니었다. 욕심이 난다고 해도 현실적으로 차지할 수단이 없었다.

하지만 종친인 수양대군은 달랐다. 불만을 품은 사람들이 차츰 수양대군에게 모이는 것을 본 고명대신들은 여러 가지 방식으로 견제하려고 노력한다. 수양대군을 명나라로 가는 사신으로 보내기도

7 나라의 주요 정책을 결정하는 일을 맡던 세 벼슬 영의정, 좌의정, 우의정을 이르는 말.

하고, 분경을 금지시키기도 했다. 분경이란 분추경리奔趨競利의 줄임말로 하급자가 상급자의 집을 사사로이 방문하는 것이다. 관리들끼리의 사적인 접촉을 차단해서 부정으로 이어지는 것을 막기 위한 방법이었다. 하지만 현실적으로는 단속할 방법이 없고, 양쪽이 입을 다물면 알아내기도 어려워서 유야무야되는 경우가 많았다.

단종이 즉위한 1452년 5월에는 당상관과 대군들에 대한 분경을 금지시킨다. 여기서 대상자에 대군을 포함시킨 건 당연히 수양대군을 견제한 것이다. 그리고 수양대군만큼은 아니지만 야심가인 안평대군安平大君과 금성대군 역시 해당되었다. 수양대군은 자신을 대상으로 하는 분경금지법에 크게 반발한다. 그렇게 의심스러우면 차라리 처벌을 하라고 화를 내는 수양대군에게 김종서와 황보인은 서둘러 대군에 대한 분경을 금지한다는 지시를 철폐한다.

양측의 갈등은 그 후로도 이어진다. 김종서와 황보인은 수양대군을 견제하기 위해 그의 동생인 안평대군과 가까워진다. 그는 예술을 사랑한 것으로 알려졌지만 정치적인 야심 역시 적지 않았다. 게다가 조카인 임금을 지켜 준다는 명분까지 있었으니 쉽게 세력을 불릴 수 있었다. 결국 수양대군에게는 결단의 시간이 점점 다가왔다.

단종이 즉위한 지 2년째인 1453년 10월 10일 새벽녘, 수양대군은 측근인 한명회와 권남 등을 자신의 집으로 부른다. 9월 말에 모여 이야기한 그 날짜였다. 수양대군이 때가 왔다는 말을 하면서 '김종서가 제일 큰 걸림돌이니 내가 직접 가서 그자를 없애겠다'라고 말한다. 참석자들이 호응하자 수양대군은 활쏘기를 핑계로 평소 가깝게 지내던 무사들을 불러 모은다. 종친 신분이라도 공식적으로 사병을 둘 수는 없으니 사냥이나 활쏘기를 핑계로 이런저런 연결 고리를 만든 것이다.

많은 무사들이 찾아왔지만 그중 핵심은 곽연성郭連城이라는 인물이었다. 수양대군이 명나라에 사신으로 갈 때 호위하던 군관 곽연성은 권남이 거사 참여를 권유하자 어머니 상중이라는 이유로 발뺌하려고 한다. 하지만 권남이 다시 강하게 설득하자 마지못해 응하면서 계획을 이야기해 보라고 말한다. 권남이 차근차근 계획을 말하자 곽연성은 "만약 수양대군께서 김종서의 집으로 찾아갔다가 돌아오려고 할 때 성문이 닫히면 어찌할 것인가?"라고 말하며 허점을 바로 찾아낸다.

곽연성의 이야기를 들은 권남은 무릎을 치면서 좋아한다. 생각지도 못한 문제점을 찾아 주었기 때문이다. 그사이, 수양대군은 후원

정자로 무사들을 불러 모으고 속내를 털어놓는다. 김종서를 비롯한 고명대신들의 전횡專橫이 날로 심해지고 있고, 그것도 모자라 안평대군과 함께 불경한 짓을 저지를 것 같다면서 자신과 함께 거사를 도모하자고 말한다. 하지만 반응은 시원찮았다. 일부 무사들은 임금에게 고하는 게 먼저라며 옷자락을 잡으며 만류했고, 몇 명은 아예 담장을 넘어 도망치기도 했다. 일은 예상 밖으로 돌아갔지만 돌이키기에는 너무 늦었다. 모사꾼인 한명회는 "길 옆에 집을 지으면 3년이 넘어도 이뤄지지 못하는 법"이라면서 결단을 촉구했다. 이때 김종서의 집에는 이미 권남이 가 있는 상태였다.

김종서와 함께 이야기를 나누던 권남이 돌아와서 별다른 이상이 없다고 보고한다. 바야흐로 수양대군이 출발하려고 하자 부인이 직접 갑옷을 입혀 주었다. 갑옷을 입고 말을 탄 수양대군은 몸종인 임어을운을 데리고 김종서의 집으로 향했다. 수양대군이 출발하자 한명회는 양정, 유서 등 몇 명을 딸려 보낸다. 곽연성의 말대로 성문이 닫혀 버리는 것을 막기 위한 것이고, 혹시 모를 무력 충돌에 대비하기 위해서였다.

당시 김종서가 살고 있던 곳은 돈의문 밖에 있었으며, 현재 지하철 5호선 서대문역 근처 농업박물관 자리에 있었다. 돈의문은 한양의 사대문 가운데 서대문에 해당되는 곳이지만 일제강점기 때 철거되어 흔적을 찾아볼 수 없다. 다만 정동사거리 강북삼성병원 방향에

서대문역 근처 농업박물관 자리에 있는 김종서 집터 표지석.

돈의문 터라는 글씨만 남아 있을 뿐이다. 수양대군이 김종서를 찾아 갔을 당시에는 돈의문의 위치가 지금보다 좀 더 북쪽에 있었다. 한양 성곽을 건설할 때 다른 대문들과 함께 만들어졌지만 풍수지리상 좋지 않다는 말에 폐쇄되었고, 현재 경희궁이 있는 언덕에 서전문이라는 새로운 성문을 쌓았다. 하지만 세종 때 통행이 불편하다는 이유로 허물어 버리고 현재의 위치에 새로 성문을 만들었다.

위치는 바뀌었지만 돈의문이라는 명칭은 이어서 사용했기 때문에 백성들은 새로운 문이라는 뜻의 새문이라고 불렀다. 그러면서 이곳에서 육조거리까지 이어지는 길의 명칭이 새문안길이 되었고, 현재는 새문안로로 이어지고 있다. 그렇다면 수양대군은 현재 영희

사모뿔을 빌리러 가는 길 – 계유정난

돈의문은 한양의 서대문에 해당되지만 일제강점기 때 철거되어 흔적을 찾아볼 수 없다.

전 터에 있는 자신의 집에서 어떤 경로를 따라 김종서의 집으로 향했을까?

조선시대 한양 지도를 보면 대략 두 가지 경로가 있다는 것을 알 수 있다. 첫 번째는 현재의 수표로를 따라 북쪽으로 올라가서 청계천의 수표교를 지나 종로에 도착한 다음 왼쪽에 있는 경복궁 방향으로 가는 것이다. 운종가라고도 불렸던 큰길을 따라 직진하면 나중에 수양대군이 왕이 된 후에 악학도감樂學都監과 원각사를 세운 곳을 지나 육조거리와 운종가와 만나는 세종대로사거리를 지나게 된다.

여기서부터 돈의문까지는 약간 오르막길인데 당시 돈의문은 지금보다 북쪽에 있었으므로 더 가파른 길을 가야만 했다. 김종서의 집은 돈의문과 가까웠기 때문에 아마 문을 통과하면 바로 보였을 것이다. 그즈음에서 수양대군은 말을 잠깐 멈추고 한숨을 돌리지 않았을까 싶다. 북방의 호랑이면서 문종의 고명대신인 김종서라는 거목을 쓰러뜨려야 하는 크나큰 일이 눈앞에 다가왔기 때문이다. 이 경로로 왔다면 거리는 대략 3킬로미터 정도인데 돈의문의 위치가 지금보다 북쪽에 있었다면 몇백 미터 정도 추가될 것이다. 도보로는 40분 정도 걸린다.

다른 길은 수표로를 따라 북쪽으로 올라가다가 을지로에서 왼쪽으로 방향을 틀어서 을지로입구역을 지나 지금의 서울광장으로 향했다가 덕수궁 옆 정동길을 따라 돈의문으로 올라가는 방법이다. 이 경로는 앞서 말한 경로보다 몇백 미터 정도 단축된다. 하지만 조선시대 지도를 살펴보면 이쪽 길은 제대로 표시되어 있지 않거나 아주 작은 길로 남아 있다. 그게 아니면 하천으로 표시되어 있다. 물론 하천에 난 길을 따라서 갈 수도 있겠지만 수행원들까지 데리고 간 것을 감안하면 아무래도 좀 더 큰 길로 가지 않았을까 싶다.

수양대군이 김종서의 집에 도착할 즈음 그의 아들 김승규가 부하들과 함께 무기를 가지고 나와서 위협했다는 기록이 있다. 하지만 아무리 사이가 나빠도 무기를 들고 공공연하게 대군을 위협했다는 사실은 믿기 어렵다. 어쨌든 김종서 집에 도착한 수양대군은 말에서 내려 김승규에게 아버지를 만나러 왔다고 말한다. 밖으로 나온 김종서가 안으로 들어오라고 하자 수양대군은 해가 떨어졌다는 핑계를 대면서 급히 부탁할 게 있어서 찾아왔다고 말한다. 김종서가 다가오자 수양대군은 사모紗帽[8]의 뿔이 떨어진 것을 깨닫고는 빌려 달라고 청한다. 돌발적인 것인지 아니면 미리 짠 것인지는 알 수 없지만 김종서를 당황하게 만드는 데 성공한다.

김종서가 사모뿔을 건네자 수양대군은 영응대군 부인에 관한 이야기를 건넨다. 그러면서 김종서에게 잘 좀 봐 달라고 부탁한다. 밤중에 찾아와서 안으로 들어가지 않고 이야기할 만한 일이었다. 수양대군이 그 이야기를 한 이유는 가까이에 있는 김종서의 부하들을 밀어내기 위해서였다. 하지만 김종서의 부하들은 떨어지지 않았다. 그러자 수양대군은 다음 카드를 꺼내 든다. 지부知部의 편지를 하나 건네 준 것이다.

지부는 노비 관련 소송을 담당하는 관청의 책임자인 지부사를 지칭한다. 노비는 조선시대 내내 재산 목록 1호였기 때문에 이런저런 이유로 소송이 빈번했다. 이 소송에는 종친들도 종종 휩싸였기 때문에 수양대군이 지부사의 편지를 건네는 게 별로 이상한 일은 아니었다. 다만 민망하고 어색한 일이긴 해서 김종서로서는 부하들이

---

8 조선시대 때 조정의 관리가 머리에 쓰던 모자.

엿보게 할 수는 없었다. 김종서가 달빛에 의지해서 편지를 읽느라 잠시 주의가 흩어진 틈에 수양대군의 신호를 받은 몸종 임어을운이 철퇴로 김종서를 내리친다. 그리고 양정이 칼을 뽑아 들고 아들 김 승규를 베어 버린다.

골칫거리이자 장벽이었던 김종서를 제거하는 데 성공한 수양대 군은 유유히 말을 몰고 돈의문으로 돌아온다. 그사이 한명회는 이 런저런 지시를 내렸고, 권남은 순청⁹으로 달려가서 홍달손에게 야 간에 도성을 순찰하는 순라군들을 이동시키지 말고 대기할 것을 지 시한다. 때마침 홍달손이 순청을 감독하는 감순이었기 때문에 가 능한 일이었다. 김종서를 죽이고 돌아온 수양대군은 도성의 문들을 굳게 잠그도록 하고 단종이 머물고 있는 시좌소時坐所¹⁰로 향한다.

당시 단종은 아버지가 승하한 경복궁을 떠나 거처를 옮기려고 했 는데 창덕궁이 방치돼 있던 탓에 급하게 수리하는 중이었다. 그래 서 창덕궁의 요금문 앞 향교동에 있는 친누나 경혜공주와 그녀의 남편 영양위 정종의 집에서 머물고 있었다. 사실 수양대군이 이때 를 거사일로 잡은 것은 부하인 홍달손이 감순이라서 순라군들을 이 용할 수 있었다는 점과 단종이 궁궐보다는 경계가 덜한 시좌소에

---

9 야간 통행을 감시하는 순라를 담당하는 관청.
10 임금이 출궁하여 임시로 머물던 곳을 말한다. 시어소라고도 부른다.

머무르고 있었다는 점일 것이다.

시좌소에 들이닥친 수양대군은 승지 최항에게 김종서 등이 안평대군과 공모해서 역모를 꾸몄다고 말한다. 그러면서 사정이 급해서 먼저 김종서를 베었으니 공모한 나머지 무리를 없애야 한다고 압박한다. 최항의 보고를 받은 단종이 할 수 있는 것은 아무것도 없었다. 수양대군은 시좌소는 물론 경복궁 주변을 자신을 따르는 무사들과 순라군, 내금위로 철통같이 둘러쌌다. 그리고 호출을 받고 달려온 대신들을 한 명씩 안으로 들여보냈다. 그들을 맞이한 한명회의 손에는 책이 하나 들려 있었는데 바로 살생부였다.

황보인을 비롯한 조극관, 이양 등이 들어왔다가 철퇴에 맞아 죽었고, 따로 군사들을 보내 지방에 있는 김종서의 측근들을 죽이도록 했다. 그리고 눈엣가시 같았던 동생 안평대군에게는 의금부 도사를 보내 체포한 다음 강화도로 유배를 보냈다. 아마 죽이고 싶었겠지만 눈치가 보여서 유배 보내는 것으로 그쳤을 것이다.

한편, 철퇴를 맞고 쓰러졌던 김종서는 뒤늦게 눈을 뜬다. 가마에 몸을 싣고 도성으로 들어가려고 했지만 돈의문은 이미 수양대군의 부하들이 장악하고 있던 상태였다. 도성으로 들어가지 못한 김종서는 둘째 아들인 김승벽의 처갓집으로 향했다. 다음 날 소식을 들은 수양대군은 양정을 보내서 김종서의 머리를 베었다. 김종서를 비롯해서 수양대군에 의해 목숨을 잃은 대신들의 머리는 모두 거리에

효수되었다.

반대파를 제거하고 승리했기 때문에 이날 밤에 벌어진 살육극에는 계유정난이라는 이름이 붙었다. 계유년(1453년)에 벌어진 정당한 난이라는 뜻이다. 이후, 정권을 장악한 수양대군은 단종을 노산군으로 강등시켜 영월로 쫓아내고 왕위를 차지한다. 그리고 성삼문을 비롯한 사육신의 단종 복위復位 운동을 빌미 삼아 영월에 있던 노산군을 죽인다.

어떻게 돌아봐야 할까?

영희전이 있던 서울중부경찰서에서 출발하여 수표교를 따라 올라가다가 종로에서 왼쪽으로 방향을 튼다. 탑골공원과 종로1가사거리, 세종대로사거리를 거쳐서 경희궁 방향으로 가면 돈의문이 있던 정동사거리가 나온다. 그곳을 지나면 지하철 5호선 서대문역 근처 농업박물관 앞에 '김종서 집터 표지석'이 있다. 거리가 3킬로미터 정도이기 때문에 대략 40분 정도 소요된다.

● 계유정난 이동 경로
영희전 – 수표교 – 종로 – 돈의문(현 정동사거리) – 김종서의 집(현 농업박물관 앞)

반란과 반정의 갈림길
인조반정

광해군 15년(1623년) 3월 12일

칠흑 같은 어둠이 홍제원弘濟院[1]에 모인 사람들의 마음을 짓눌렀다. 조총이나 창으로 무장을 하고 갑옷을 입은 착호갑사捉虎甲士[2]와 붉은 색과 푸른색 철릭[3]에 괘자[4]를 껴입은 관리들 모두 입을 다문 채 무거운 표정을 지었다. 참다못한 이괄李适이 소리를 쳤다. 선전관으로 관

---

1 조선시대 의주로에 설치되어 있던 국영 여관. 중국에서 온 사신들이 도성에 들어오기 전에 머무르던 곳이다.
2 호랑이를 잡기 위해 편성된 부대로 총을 비롯해서 무기를 잘 다뤘다.
3 조선시대 한복의 한 종류로 무관이나 문관이 전쟁 때 입던 옷이다.
4 소매가 없는 겉옷을 지칭한다.

직 생활을 시작한 그는 함경도 병마절도사로
임명되었지만 반정에 참여하기 위해 부임하지
않고 도성에 머무르던 상태였다.

"언제까지 이러고 있을 건가?"

이야기를 들은 김자점金自點이 얼굴을 찡그린

채 대답했다. 병조좌랑을 역임했던 그는 정세 판단에 능하고 약삭빠르
다는 평을 자주 들었다.

"장단부사 이서李曙가 군졸을 이끌고 오기로 했는데 보이지 않고, 군
대를 호령할 김류金瑬 대감도 보이지 않으니 다들 술렁거릴 수밖에요.
거기다 고변서[5]가 이미 궁궐로 들어갔다고 해서 다들 겁에 질려 있는
것 같습니다."

불만에 가득 찬 얼굴을 한 이괄이 대꾸했다.

"반정을 일으키기로 했으면 옆도 돌아보지 않고 가야 하거늘. 어찌
이리 겁들이 많아서."

"저도 그게 걱정입니다. 이러다 흩어져 버리기라도 하면 우린 끝장
입니다."

발을 동동 구르던 김자점이 때마침 모습을 드러낸 이서에게 다가갔
다. 60대 중반의 이서는 한때 광해군의 측근이었지만 평산부사를 지

---

5 반역 행위 등을 알리는 글이다.

낸 이후 관직에서 물러나 두 아들 이시백, 이시방과 함께 반정에 참여했다.

"대감, 아직입니까?"

"원두표와 심기원이 김류의 집으로 갔네. 무슨 일이 있어도 데리고 오라고 했으니 반드시 올 걸세."

옆에서 이야기를 듣던 이괄이 코웃음을 쳤다.

"흥, 대장으로 추대된 자가 그리 겁이 많아서야 어찌 호령을 제대로 하겠습니까?"

"언제까지 이럴 수는 없으니 자네가 일단 대장을 맡아 주게."

"그래도 되겠습니까?"

이괄의 물음에 이서가 고개를 끄덕거렸다.

"능양군綾陽君께서 친병을 이끌고 연서역에서 우리를 기다리고 있네. 속히 합류해서 도성으로 진입하지 않으면 이번 거사는 실패로 돌아갈 거야."

이야기를 들은 김자점이 동조한다는 표정으로 고개를 끄덕이자 이괄은 타고 온 백마에 올라탔다. 그러고는 착호갑사가 들고 있던 횃불을 뺏어 들고 큰 나무 아래 서서 굵직한 목소리로 외쳤다.

"언제까지 이러고 있을 건가! 대오를 정비해서 도성을 들이쳐 폭군을 몰아내고 나라를 바로잡아야 한다! 여기서 꾸물대고 있다가 날이 밝으면 우리 모두 북망산에서 만나게 될 것이다!"

여진족과의 전투로 잔뼈가 굵은 이괄은 명분과 공포심을 이용해서 모인 사람들을 휘어잡았다. 삼삼오오 모여 웅성거리던 착호갑사를 비롯한 참여자들이 이괄 앞에 모여 섰다.

"대오를 정비하라! 착호갑사는 왼쪽, 나머지 군졸은 오른쪽으로 서라! 꾸물거리면 군율에 의거해 참수할 것이다!"

착호갑사와 군졸이 줄지어 서자 아연 긴장감이 흘렀다. 그럭저럭 대오가 완성되자 이괄이 목청껏 외쳤다.

"나를 따르라!"

지켜보던 이서와 김자점이 안도의 한숨을 쉬는 순간, 홍제역 앞에서 호롱불이 반짝거렸다. 고삐를 당겨 말을 멈춘 이괄이 칼자루에 손을 얹었다. 잠시 후, 어둠을 뚫고 성균관 유생이자 동갑인 심기원沈器遠이 말을 타고 나타났다.

"멈추시오! 김류 대감이 오셨소!"

"뭘 하다 이제야 나타난 건가?"

이괄의 물음에 심기원이 안장 위에서 숨을 헐떡거리며 대답했다.

"고변서가 궁궐에 들어갔다는 소식을 듣고 선전관이 잡으러 오면 그를 해치우고 나서 합류하려고 기다렸다 합니다."

심기원의 대답을 들은 이괄이 코웃음을 쳤다.

"겁이 나서 벌벌 떨었던 건 아니고?"

"말이 지나치십니다. 어쨌든 김류 대감이 부르십

니다.”

“부르다니, 병사들을 다독거려서 호령
하고 있으니 대장은 바로 날세. 김류 대
감한테 오라고 하게.”

이괄의 대답을 들은 심기원이 난감한 표정을 지었다. 그때 대화를 듣
고 있던 이귀李貴가 나섰다.

“원래 대장으로 삼기로 한 것이 김류였으니 그대가 양보하게.”

“저런 겁쟁이를 믿고 무슨 거사를 맡깁니까?”

벌컥 화를 낸 이괄을 본 김자점이 끼어들었다.

“여기서 시간을 낭비하면 모두 앞날을 장담할 수 없습니다. 정녕 사
소한 일로 거사를 망치실 겁니까?”

이귀에 이어 김자점까지 나서자 이괄은 분을 삭였다.

“알겠네.”

고개를 끄덕인 이괄이 심기원을 따라 김류가 있는 곳으로 말을 몰아
서 사라졌다. 그 광경을 지켜보던 김자점이 안도의 한숨을 쉬며 이귀
에게 말했다.

“큰일 날 뻔했습니다.”

이귀도 같은 생각이라는 듯 혀를 찼다.

“용감하고 배포가 큰 건 좋지만 너무 과격하군.”

잠시 후 이괄과 심기원, 원두표 등과 함께 모습을 드러낸 김류가 병사

들을 이끌고 연서역 쪽으로 향했다. 그걸 본 이귀가 몸종이 끌고 온 말에 올라탔다.

"서두르세. 날이 밝기 전에 도성에 진입해야만 하네."

역시 몸종의 부축을 받으며 말에 올라탄 김자점이 대답했다.

"창의문彰義門만 돌파하면 우리의 반정은 성공할 겁니다."

"그래야지. 그렇게 해야 폭군을 몰아내고 나라를 바로잡을 수 있을 걸세."

이야기를 주고받은 두 사람은 서둘러 말을 몰아 행렬에 끼어들었다.

실패하면 반란, 성공하면 반정

시간이 흐르면서 길은 사라지거나 바뀌기도 하지만 성격이 변하기도 한다. 인조반정仁祖反正의 길은 혁명 혹은 쿠데타의 길이었다가 금단의 길로 변했다. 그렇게 된 이유는 바로 경복궁 뒤편에 자리 잡은 청와대와 1·21사태[6] 때문이었다. 북한이 보낸 간첩이 대통령이 있는 청와대의 코앞까지 쳐들어왔던 사건으로 인해 오랫동안 창의문 일대에 사람들이 오가는 것을 막았다. 최근에는 이런저런 금지 조치들이 해제되면서 사람들이 걷기 좋은 등산로이자 산책로로 사랑받고 있다.

충과 효를 중시하던 조선시대에는 왕실 내부의 다툼을 제외하고 임금이 폐위된 적이 딱 두 번 있었다. 연산군燕山君을 폐위시킨 중종반정中宗反正과 광해군光海君을 폐위시킨 인조반정이었다. 두 사건으로 쫓겨난 두 임금은 묘호를 받지 못했고, 기록 역시 실록 대신 일기라는 명칭이 붙었다. 중종반정은 연산군의 폭정에 생명의 위협을 느낀 신하들이 똘똘 뭉쳐서 일으켰기 때문에 정치적인 파장이나 의미가 크지 않다. 연산군은 몇 차례의 사화를 일으키면서 사림과

---

6 1968년 1월 21일 북한의 124군부대 무장 게릴라 31명이 청와대를 습격하기 위해 침투한 사건으로 김신조 사건으로 부르기도 한다.

훈구를 구분하지 않고 마음에 안 들거나 혹은 기분 내키는 대로 대신들을 처형하고 유배를 보냈기 때문이다. 결국 언제 죽을지 모른다는 공포감에 빠진 훈구 대신들의 주도로 반정이 일어나 연산군을 폐위시키고 말았다. 그러나 지배 세력은 여전히 훈구였기 때문에 사림의 정계 진출은 본격화된 정도였다.

물론 중종이 사림파의 거두인 조광조趙光祖를 등용해서 훈구파를 견제하려고 시도했지만 위훈삭제僞勳削除 사건으로 제거되고 만다. 위훈삭제는 중종반정으로 포상을 받은 공신들 중 가짜를 가려내서 작위와 재물을 회수해야 한다는 주장이다. 원리 원칙을 중요하게 생각하는 사림파의 입장에서는 반정에 참여하지 않거나 혹은 큰 공로를 세우지 않고도 공신 행세를 하는 가짜 공신들을 가려내는 것은 당연한 일이었다. 참고로 중종반정에 참여한 공신들은 정국공신이라고 불렸는데 숫자가 무려 117명에 달해서 개국공신을 비롯한 이전의 공신들보다 압도적으로 수가 많았다.

반정으로 정권을 장악하며 반정 3대장이라고 불린 박원종, 유순정, 성희안은 자기 세력을 넓히기 위해 마구잡이로 공신을 선정했고, 중종 역시 자기 측근들을 챙기기 위해 반정 현장에 없었던 인물도 공신으로 집어넣었다. 이렇게 공신이 되면 직위는 물론 막대한 포상을 받았는데 이로 인해 국가 재정에 상당한 부담이 되었다. 따라서 조광조로서는 원리 원칙을 지키는 일이기도 하고 국가 재정을 위한 길이기도 했다.

하지만 위훈삭제는 중종의 정통성 문제와 직결되었기 때문에 절대로 받아들일 수 없었다. 게다가 중종은 자기 고집만 내세우면서 압박을 가하는 조광조와 점점 멀어지는 중이었다. 결국 중종은 기묘사화[7]를 통해 사림파를 조정에서 몰아내면서 훈구파에 의지하게 된다. 따라서 중종반정은 역사상 큰 의미를 두기 어렵다.

반면, 인조반정은 여러모로 의미가 다르다. 광해군은 임진왜란 당시 분조分朝[8]를 이끌면서 맹활약해 왕세자는 물론 군주의 자질도 인정을 받았다. 광해군 역시 분조를 이끌 때의 경험을 토대로 명나라와 후금 사이에 중립 외교를 시도했다. 하지만 뛰어난 능력과 경험을 가지고 있음에도 불구하고 아버지 선조宣祖가 뒤늦게 낳은 영창대군永昌大君을 왕위에 올릴 생각을 하면서 즉위까지 험난한 길을 걸어야 했다. 선조가 명나라의 세자 책봉이 늦어진다는 것을 핑계로 광해군에게 이런저런 압박을 가해 영창대군을 새로운 세자로 삼을 생각을 한 것이다. 하지만 선조에게는 그럴 만한 시간이 없었다. 1608년, 갑자기 건강이 악화된 선조가 세상을 떠나고 만다. 선조의 측근이자 영창대군의 세자 책봉을 지지하던 영의정 유영경이

7 1519년 중종이 조광조 등 사림파 대신들을 축출한 사건.
8 임진왜란 때 임시로 세운 조정으로 광해군이 이끌었다.

농간을 부리려 했지만 광해군의 즉위를 막을 수는 없었다. 영창대군의 나이가 워낙 어린 데다가 광해군의 능력을 인정하는 조정 관리가 많았기 때문이다. 광해군은 우여곡절과 온갖 고생 끝에 결국 대북파의 지지를 받아 즉위한다.

북인은 정여립의 난으로 벌어진 기축옥사己丑獄事[9] 때 서인으로부터 큰 피해를 받은 동인에 뿌리를 두고 있다. 당시 서인에 속했던 정철鄭澈은 임금의 명령으로 동인을 가혹하게 처벌했다. 하지만 정철 역시 선조에게 빌미를 잡혀 처벌받으면서 서인의 기세는 꺾이고 만다. 정권을 장악한 동인은 정철을 비롯한 서인의 처리 문제를 놓고 다시 분당을 겪는다. 정철과 서인에 대한 강력한 보복을 주장하는 강경파가 북인이 되었고, 상대적으로 온건한 처벌과 포용을 내세운 자들은 남인이 되었다.

정인홍과 이이첨이 주도하는 대북파는 북인에서 갈라진 당파로 광해군의 즉위와 함께 정권을 장악하는 데 성공한다. 하지만 정권을 잡은 경험이 없던 이들은 능숙하게 대처하지 못하고 서인들과 갈등을 일으킨다. 광해군은 즉위 이후 걸림돌이었던 형 임해군과 이복동생 영창대군을 죽인다. 그리고 영창대군의 어머니인 인목왕후를 유폐시키고 그녀의 아버지 김제남도 역모를 꾸몄다는 이유로

---

9 1589년 선조가 정여립의 난을 핑계로 동인들을 숙청한 사건.

처형한다. 정권을 안정시키기 위한 선택이었지만 소외되어 있던 서인들에게는 그냥 넘어갈 수 없는 일이었다. 거기다 대외 문제 또한 광해군의 발목을 잡는다.

명나라와 조선이 일본의 침략을 막느라 정신이 없는 틈을 타서 만주의 여진족이 뭉치기 시작한 것이다. 여진족은 1만 명이 모이면 천하에 대적할 부대가 없다는 이야기가 나올 정도로 용맹했고, 몇 세기 전 금나라를 세운 경험이 있었다. 명나라는 여진족을 분할해서 간접 통치했는데 종종 반항할 것 같으면 대규모 원정군을 보내서 토벌하는 정책을 취했다.

하지만 누르하치라는 영웅이 나타나면서 상황이 변한다. 여진족이 누르하치를 중심으로 결집하기 시작한 것이다. 광해군은 명나라를 무조건 돕는 대신 거리를 두면서 전쟁을 피하려 했다. 이는 명분을 중시하는 조선 사대부에게 배신 행위로 비쳐졌다. 이런저런 불만이 쌓인 서인들은 결국 쿠데타라는 카드를 뽑아 든다. 이때 원한을 가진 왕족 한 명이 적극적으로 협력한다. 바로 역모 혐의로 처형당한 능창군綾昌君을 막냇동생으로 둔 능양군이었다. 그의 아버지가 능창군이 처벌당한 것에 충격을 받아 세상을 떠나면서 능양군은 졸지에 아버지와 동생을 잃고 말았다. 심지어 능양군 집터에 왕기가 흐른다는 소문이 돌자 광해군은 이를 빼앗기도 했다. 빼앗은 집터에 광해군은 경희궁을 지었다. 이런 일들 때문에 복수심에 가득 찬 능양군은 적극적으로 나섰고, 그를 구심점으로 자연스럽게 쿠데타 세력이 모여들었다.

길 위에 새겨진 역사

1623년 3월 13일 새벽, 어둠에 잠긴 홍제원으로 평산부사 이귀를 비롯한 수뇌부가 휘하의 병사들을 이끌고 속속 도착했다. 능양군 역시 부하들을 이끌고 연서역에 나가서 장단부사 이서를 기다렸다. 하지만 정작 지휘관으로 내정된 김류가 나타나지 않는 어처구니없는 일이 벌어졌다.

쿠데타 모의가 들통났기 때문에 몸을 사린 것인데, 사실 이들의 모의는 전날 밤 이이반이라는 사람의 고변告變으로 인해 드러난다. 하지만 몇 년 동안 서인들이 역모를 꾸민다는 소문이 계속 돌았던 터라 광해군을 비롯한 측근은 크게 신경 쓰지 않았다. 우왕좌왕하던 반란군들을 지휘해서 안정을 찾게 한 것은 바로 이괄이었다. 그러나 다른 사람들의 설득으로 홍제원에 뒤늦게 나타난 김류가 반란군을 이끌고 진격한다. 이 와중에 먼저 이들을 지휘하고 있던 이괄은 김류가 공을 가로챘다고 펄쩍 뛰었다가 주변의 만류로 겨우 수습되는 해프닝도 있었다.

창의문은 서울한양도성 순성길의 출발점 중 하나다.

반란군의 목적지는 광해군이 있는 창덕궁이었고, 그곳으로 가기 위해서는 먼저 도성 문을 돌파해야만 했다. 그래서 이들이 선택한 곳은 바로 창의문이었다. 청운동에서 부암동으로 넘어가는 고갯길에 있는 이 성문은 자하문이라는 이름으로 더 잘 알려져 있으며 한양을 둘러싼 도성의 북문인 숙청문의 서쪽에 있었다.

집결지인 홍제원에서 가장 가까운 성문이었고, 평소에 잘 쓰지 않는 곳이라서 경비가 허술할 것이라는 판단을 한 것으로 보인다. 반란군이 창의문에 도착한 시각은 밤 3경, 그러니까 자정쯤이었다. 반란군의 예상대로 성문의 경계는 허술했고, 선전관만이 지키고 있을

반란과 반정의 갈림길 – 인조반정

뿐이었다. 반란군은 앞을 막아서는 선전관을 참수하고 성문을 열어 젖혔다. 쿠데타의 시작을 알리는 피의 신호였던 셈이다.

현재 창의문은 위로 올라가 볼 수 있지만 문루는 출입이 금지되어 있다. 어쨌든 이곳에서 인왕산을 바라보는 풍경도 아름답기 그지없다. 홍제원을 출발한 반란군은 홍제천을 따라가서 세검정洗劍亭을 넘어 창의문으로 진격했을 것이다. 따라서 창의문을 인조반정의 시작점으로 삼았다.

하지만 홍제역부터 창의문까지의 길은 현재 터널과 도로로 변해 걷기 불편하다. 종각역에서 버스를 타고 광화문과 경복궁을 거쳐서 자하문고개 정류장에서 내려 둘러보면 서울답지 않은 풍경이 펼쳐진다. 오래된 성벽 너머에는 인왕산이 보이고, 언덕을 따라 낮고 아름다운 집들이 늘어서 있다. 흥선대원군의 별장이었던 석파정과 안평대군의 집이었던 무계정사를 비롯해 조선시대 사대부의 집과 별장들이 지금도 남아 있다.

버스 정류장 근처에 있는 커다란 동상과 표지석은 이곳의 또 다른 역사를 말해 준다. 바로 1·21사태다. 북한 특수부대가 휴전선을 돌파하여 이곳까지 침투해서 교전이 벌어졌고, 덕분에 이 지역은 오랫동안 통행이 금지되었다. 자하문고개 정류장에는 당시 순직한 경찰관의 동상과 청계천의 발원지라는 표지석이 있다. 계단을 따라 올라가면 창의문과 서울한양도성을 돌아 볼 수 있는 출입구와 안내

최규식 경무관의 동상. 바로 옆에는 함께 순직한 정종수 경사의 순직비가 있다.

소가 보인다. 창의문을 살펴보면 흥미로운 것이 하나 보이는데 바로 홍예虹蜺에 닭과 비슷한 동물이 거꾸로 조각되어 있는 것이다. 이것은 풍수지리적인 요소가 들어간 것으로 창의문 바깥 지형이 지네와 닮아서 그 기운을 제압하기 위해 지네의 천적인 닭을 그려 넣은 것이다.

창의문을 돌아 보고 정류장으로 내려오면 길 건너편에 하얀 건물이 하나 보인다. 바로 윤동주문학관이다. 폐쇄된 수도 가압장을 이용해서 만들었는데 관심이 있으면 둘러볼 만하다. 그 아래쪽에는 한옥으로 지어진 청운문학도서관이 자리 잡고 있다. 윤동주문학관을 나와서 차도를 따라서 나 있는 길을 걸었다. 400여 년 전의 그들은 한밤중인 데다가 잔뜩 긴장한 상태였기 때문에 주변 경치를 감상할 여유가 없었을 것이다. 하지만 이 지역의 경치는 정말 아름답다는 표현밖에는 할 말이 없다.

길 왼쪽 차도 건너편으로 인왕산이 보이고, 오른쪽으로는 붉은 지붕의 빌라들과 멀리 도심지의 빌딩들이 어우러져 있다. 높다란 빌딩이나 좁은 골목길, 차들이 가득한 서울에서는 보기 드문 광경이다. 북촌에서도 이런 모습을 보긴 했지만 그곳은 안타깝게도 방문객이 너무 많다. 아무튼 이 길은 야트막한 내리막길이라 걷기에는 더할 나위 없이 좋다.

붉은 지붕의 바다 너머로 도심의 빌딩들이 아련하게 보이는 풍경이 지루하다고 느껴지면 반대편을 쳐다보면 된다. 매끈한 암벽을 자랑하는 인왕산이 바로 눈앞에 펼쳐지기 때문이다. 길 양쪽의 풍경이 모두 지루해질 때쯤 담쟁이넝쿨이 자란 붉은 벽돌담이 보인다. 그리고 잠시 후에 갈림길에 도달한다. 청운실버센터가 있는 오른쪽 길을 따라가면 경복궁 옆길을 따라서 광화문으로 통한다.

자하문고갯길에서 내려다본 서울의 풍경.

왼쪽 길은 경복궁 뒷길인데 이쪽은 삼청동을 거쳐서 창덕궁으로 이어진다. 쿠데타 무리가 어느 길로 갔는지 기록에는 나와 있지 않다. 당시의 정황을 가장 잘 보여 주는 『인조실록』에는 창의문을 통해 창덕궁으로 진격했다고만 나와 있기 때문이다. 최대한 빨리 창덕궁을 점령해야 하는 상황과 새벽이라는 시간대를 감안한다고 해도 변수는 너무나 많다.

경복궁 옆길을 따라 내려와서 광화문을 거쳐 창덕궁으로 가는 것이 그나마 길을 찾기 쉽겠지만 야간에 순찰을 도는 순라군과 마주칠 위험성이 있다. 아울러 경복궁 앞의 육조거리에 있는 관청에서 숙직하고 있던 관리들에게 들킬 염려도 있다. 하지만 밤중에 길을

반란과 반정의 갈림길 – 인조반정

잃고 우왕좌왕하는 것보다 정면 돌파를 하는 것이 차라리 나을지도 모른다.

어차피 창의문을 돌파한 시점부터 이들은 반란叛亂군에서 반정反正군으로 탈바꿈한 상태였다. 사기 진작을 위해서라도 좁은 길 대신 큰길을 선택했을 가능성이 높다. 거기다 실록에는 북을 울리며 진군했다고 했으니 위용을 자랑하기 위해서 오히려 큰길로 갔을 가능성도 높다. 잠깐 고민하다가 경복궁 뒷길로 가기로 했다. 이 길이 흥미를 끄는 이유는 과거의 권력과 현대의 권력이 길 하나를 두고 사이좋게 이웃해 있기 때문이다. 경복궁 뒷길은 곧 청와대 앞길이기도 하다. 왼쪽 길에는 바리케이드가 있고, 경찰이 경비를 서고 있지만 딱히 제지하지는 않는다. 하지만 청와대 바로 앞이라는 긴장감만큼은 어쩔 수가 없어서 대부분 고즈넉하다.

갈림길에서 조금 걷다 보면 봉황 조각상이 있는 광장이 하나 나온다. 오른쪽에는 청와대 건물이 보이고, 왼편에는 연무관이 자리 잡고 있다. 조금 더 걸어가면 청와대 기념관이라 할 수 있는 사랑채가 나온다. 본래 대통령 비서실장이 쓰던 공관을 개조한 곳인데 역대 대통령에 관한 각종 자료들을 볼 수 있다. 이곳에 잠깐 들러서 지친 다리를 쉬는 게 좋다. 관광객들로 가득한 광장에서도 갈림길과 마주친다. 경복궁 쪽으로 내려가는 길과 삼청동으로 가는 길로 말이다. 이곳에서는 삼청동 방향을 추천한다.

조금 걷다 보면 경복궁 북문인 신무문과 청와대 정문이 길 하나를 두고 사이좋게 서 있는 광경과 마주치게 된다. 과거와 현재의 권력이 만나는 교차점이라고 할 수 있다. 사실 가로수가 잘 꾸며진 한적한 길을 따라 가면 금방 익숙해지는 풍경이지만 바로 옆에 있는 청와대는 사람들을 은근히 긴장시킨다. 단언하건대 우리가 걸어온 이 길은 서울의 숨겨진 보물 창고라고 할 수 있다.

청와대의 푸른 지붕과 인왕산이 잘 어울린다는 생각을 뒤로하고 이제 본격적으로 삼청동 방향으로 걷는다. 반정군이 이 길로 움직였을지는 모르지만 여기쯤 왔다면 창덕궁의 윤곽과 불빛이 보였을 것

경복궁 신무문 쪽에서 바라본 청와대. 과거와 현재의 권력이 교차하는 지점이라고 할 수 있다.

반란과 반정의 갈림길 – 인조반정

이다. 지휘부에서는 어서 가자고 재촉했을 것이고, 가담자들도 마지막 힘을 쥐어짜면서 걸었을 것이다. 이제는 관광지로 변해 버린 삼청동 길은 당시의 흔적을 찾아보기 어렵다. 외국인과 내국인 사이로 과거의 기억과 현대의 물결이 서로 마주칠 뿐이다.

정독도서관 언덕을 넘어서 창덕궁으로 향한다. 횃불을 들고 북을 울리며 진군하던 반정군의 앞은 아무도 가로막지 않았다. 도성 근처에 주둔한 부대들 가운데 가장 강력한 부대였던 훈련도감訓鍊都監 역시 쿠데타군에 내응했기 때문이다. 전날 밤, 역모가 고변되면서 훈련대장 이흥립李興立 역시 심문을 받았다가 풀려난 상태였다. 쿠데타가 일어났다는 소식을 들은 광해군은 이흥립에게 진압하라고 명령한다. 하지만 이흥립은 궐문 앞에 대기시킨 군대를 움직이지 않았다. 결국 쿠데타군은 별다른 방해를 받지 않고 창덕궁 돈화문 앞에 도착하는 데 성공한다.

돈화문을 지키던 초관 이항이 내응해서 문을 열자 반정군은 궁궐 안으로 진입한다. 어둠 속에서 큰 혼란이 일어나면서 궁궐이 불타 버린다. 광해군은 후원의 북문을 통해 밖으로 달아나 버린다. 비록 광해군을 잡지는 못하지만 능양군이 인정전에 들어가면서 조선 역사상 두 번째이자 마지막 쿠데타가 성공하게 된다.

광해군을 쫓아내고 창덕궁을 장악한 반란군은 반대 세력을 제거하는 한편, 경운궁 그러니까 지금의 덕수궁에 유폐되어 있던 인목

창덕궁의 정문인 돈화문. 쿠데타군은 이 문을 통해 궁궐 안으로 진입했다.

대비를 찾아간다. 잠시 버티던 인목대비가 쿠데타를 승인하면서 역사가 바뀐다. 도망쳤던 광해군은 곧 체포되어서 유배를 떠나고, 능양군은 임금 자리에 오른다. 이렇게 해서 반란은 반정이 되고, 능양군은 인조仁祖가 된다.

최근 광해군을 재평가하는 움직임이 많다. 그 이유 가운데 하나는 그를 제거하고 왕위에 오른 인조와 그 측근이 저지른 실수 때문이다. 논공행상하는 와중에 불만을 품은 이괄이 난을 일으키고, 뒤이어 정묘호란과 병자호란이 일어나면서 민중은 큰 피해를 입는다. 청나라에 항복한 인조는 볼모로 간 소현세자를 미워해 독살했다는 의심을 받는다. 뒤이어 소현세자의 부인인 강빈과 그 자식들까지 유배를 보내는 냉혹함을 보인다. 세상을 바꾸기 위해 들고 일어났다고 하지만 정작 세상은 변하지 않았다. 그래서 인조반정을 그들만을 위한 슬픈 쿠데타라고 말한다.

때로 역사는 전진하는 것이 아니라 빙 돌아가거나 멈출 수도 있다. 혹은 누군가에 의해 억지로 반대 방향으로 돌려질 수도 있다. 당시에는 옳다고 판단했지만 시간이 흐른 후에 잘못된 선택임이 밝혀지기도 한다. 그런 잘못과 실수조차 역사의 한 부분이자 과정일 것이다. 인조반정의 길은 그런 과정을 보여 주는 사례라고 할 수 있겠다.

어떻게 돌아봐야 할까?

종각역 1번 출구로 나와서 1020번 버스에 탑승한다. 자하문고개, 윤동주문
학관 정류장에서 내리면 바로 창의문으로 올라가는 계단이 보인다. 여기서부
터 경복궁 방향으로 내려가면 된다.

갈림길이 나오는데 경복궁 뒷길이자 청와대 앞길로 이어지는 오른쪽 길을 추
천한다. 청와대 앞길을 지나 삼청동을 지나면 창덕궁이 보인다. 좁은 길이 거
미줄처럼 얽혀 있지만 창덕궁 옆에 있는 현대건설 계동 사옥을 중심으로 움
직이면 된다. 북촌이나 삼청동 모두 걷기에 적당하다.

전체 경로는 종각역에서 버스를 타는 시간까지 포함해도 두 시간이 넘지 않
는다. 중간에 윤동주문학관이나 청와대 사랑채같이 둘러볼 곳이 많다. 삼청
동이나 북촌도 볼 만하다.

● 인조반정 이동 경로
홍제원 – 창의문 – 광화문 – 사직로 – 창덕궁 돈화문

3

더 좋은
세상을 향한
결정적 장면

근대화를 향한 꿈
갑신정변

고종 21년(1884년) 10월 17일

김옥균金玉均은 초조한 표정을 애써 감추면서 바깥을 살폈다. 계획은 완벽했다. 우정국郵征局 개국을 기념하는 연회에 친군[1]의 지휘관인 영사들과 민영익閔泳翊을 불러 놓고 근처 안동별궁에 불을 지르는 계획이었다. 궁궐 근처에서 불이 나면 대신들이 가서 화재를 진압해야만 했다. 그 혼란함을 틈타 자객을 시켜 그들을 제거할 생각이었다. 서재필徐載弼 같은 젊은이들은 아예 우정국 안에서 일을 벌이자고 했지만 미국 공사 푸트와 영국 영사 애스턴 그리고 독일 영사 묄렌도르

---

1 조선 후기에 고종이 설치한 중앙군.

프까지 있는 상황이라 손을 쓸 수 없었다. 식
사를 늦게 내오라고 요리사에게 미리 지시했
는데 시간이 너무 흘러서 이제 후식이 나오는
중이었다.

초조함에 심장이 터지기 직전, 멀리서 불이 났다는 외침이 희미하게
들렸다. 김옥균은 서둘러 자리에서 일어나 다른 사람들이 볼 수 있도
록 문을 활짝 열었다. 약속한 안동별궁 쪽은 아니지만 어둠 너머로 불
길이 치솟은 게 보였다. 미국 공사 푸트가 놀란 눈으로 바라보자 옆에
있던 윤치호尹致昊가 영어로 설명했다. 그의 아버지 윤웅렬은 함경남
도 병마절도사를 역임하고 신식 군대인 별기군의 창설에 관여한 무관
이었고, 윤치호 역시 일본을 여러 차례 다녀온 개화파였기에 포섭 대
상이었다. 하지만 지나치게 신중하고 몸 사리는 모습을 보인 탓에 결
국 거사 계획을 알려 주지 않았다.

김옥균은 불안함이 담긴 눈빛으로 바라보는 윤치호를 애써 외면했다.
그사이 불길은 점점 더 치솟았으나 친군 영사들은 움직일 생각을 하
지 않았다. 혹시 들킨 것이 아닌가 내심 불안해하는데 결국 민영익이
먼저 일어났다.

"아무래도 제가 가 봐야겠습니다."

그는 보빙사報聘使2로 미국을 비롯해서 서양을 둘러보고 왔지만 민씨
집안의 세력을 지키기 위해서 개화파에 가담하지 않았다. 민영익이

문밖으로 나서며 우정국의 대문을 지나려는 찰나, 비명 소리가 들렸다. 그 소리를 들은 김옥균은 저도 모르게 소리쳤다.

"안 돼!"

문밖에 친군 영사들과 민영익을 죽일 부하들을 매복시켜 놨지만 우정국에서 어느 정도 벗어난 이후에 손을 쓰라고 신신당부했다. 김옥균과 박영효朴泳孝를 의심한 그들이 친군의 병사들과 힘 좋은 무뢰배들을 수십 명이나 데리고 왔기 때문이다. 잠시 후, 얼굴과 목덜미가 피범벅이 된 민영익이 비틀거리며 모습을 드러냈다. 그가 몇 발자국 걷다가 쓰러지자 뜰에 흩어져서 담배를 피우고 있던 병사들과 가마꾼, 몸종들이 사방으로 흩어져 도망쳤다. 생각지도 못한 상황에 놀란 김옥균의 팔을 박영효가 잡아끌었다.

"어서 창덕궁昌德宮으로 가시지요. 이러다 시기를 놓치고 말겠습니다."

"저자들은?"

김옥균이 턱으로 친군 영사들을 가리키자 박영효가 고개를 저었다.

"나중에 기회가 있을 겁니다. 서두르십시오."

2 외국과의 우호, 친선 및 교섭을 위해 보빙(답례로 외국을 방문함)할 명목으로 파견하는 사절단이다.

고개를 끄덕거린 김옥균은 박영효와 함께 뜰로 나섰다. 문 주변은 밖으로 나가려는 사람들 때문에 복잡해진 상황이었다. 주저하던 박영효에게 김옥균이 담장 쪽을 바라보면서 말했다.

"담장을 넘도록 하세."

"알겠습니다."

두 사람은 담장을 넘었다. 칠흑 같은 어둠이 두 사람 앞에 펼쳐졌다. 눈짐작으로 길을 확인한 김옥균은 창덕궁으로 가는 중간에 일본 공사관에 들를 계획이었다. 그곳에서 다케조에 신이치로 공사에게 정변이 시작되었음을 알리고 곧장 창덕궁으로 가야만 했다. 친군 영사들을 제거하는 데 실패한 이상, 한시라도 빨리 고종의 신병을 확보해야만 했다. 김옥균이 숨을 헐떡거리자 뒤따르던 박영효가 걱정스럽다는 듯 물었다.

"괜찮으십니까?"

"이 어둠의 끝에 우리가 꿈꾸던 세상이 있겠지?"

박영효는 씨근덕거리는 김옥균의 물음에 고개를 끄덕거렸다.

"개화에 성공하면 틀림없이 부강한 나라가 될 겁니다."

어두운 골목길을 지나자 2층으로 된 일본 공사관이 보였다. 임오군란 때 돈의문 밖에 있던 공사관이 불탄 뒤에 한양 안에 새로 지은 것으로 박영효가 자기 집의 일부를 떼어 줘서 지은 것이다. 공사관 주변이 대낮처럼 환한 것을 본 김옥균이 안도의 한숨을 쉬었다. 숨을 헐떡거리며 굳게 닫힌 공사관 정문에 도착하자 공사관의 경비 중대를 이끄는 하야시 대위가 그를 알아보고 가볍게 고개를 끄덕였다. 그러자 김옥균이 서툰 일본어로 말했다.

"우린 이제 왕궁으로 간다. 이노우에 가오루 공사의 지시대로 경우궁景祐宮으로 가도록 하게."

"준비는 완료했습니다. 공사님께 보고하도록 하겠습니다."

하야시 대위의 대답을 들은 김옥균은 고개를 끄덕이며 발걸음을 뗐다. 몇 걸음 뗀 그에게 하야시 대위가 외쳤다.

"오늘 밤의 암호를 알고 계십니까?"

돌아선 김옥균이 대답했다.

"물론이지. 천(天)!"

그러자 하야시 대위가 부동자세로 대답했다.

"알겠습니다."

한 고비를 넘긴 김옥균이 박영효에게 말했다.

"이제 궁궐로 가세."

박영효가 고개를 끄덕이고는 갓끈을 만지작거렸다. 두 사람은 임금이 있는 창덕궁을 향해 어둠 속으로 발걸음을 옮겼다.

혁명의 무대, 우정국

종로 한복판에 우뚝 솟아 있는 종로타워를 뒤로하고 조계사 방향으로 걷다 보면 낯선 세상에 온 듯한 느낌이 든다. 하늘을 찌를 것 같은 고층 건물과 영어 간판 대신 낡은 건물과 오래된 상점들이 옹기종기 모여 있기 때문이다. 묘하지만 편안한 분위기를 느끼며 걷다 보면 오른쪽으로 돌아앉은 기와집과 마주칠 것이다.

그 집이 바로 130년 전 조선의 운명을 바꾸려 했던 젊은이들의 모험이 시작된 곳, 우정국이다. 역사에 관심 있는 사람이라면 갑신정변甲申政變이 일어난 대략적인 이유와 그 후 비극적인 3일에 대해서 잘 알고 있을 것이다. 하지만 그 긴박했던 순간 그들의 발걸음이 어디로 향했는지 머릿속으로 그려 보지는 못했을 것이다.

이번 답사는 갑신정변을 일으킨 개화파 세력의 발걸음을 따라가 보기로 한다. 1884년에 일어난 갑신정변은 조선을 어떤 방향으로 이끌어 갈 것인가에 대한 깊은 고민과 갈등이 빚은 비극이다. 1876년 일본과 강화도조약3을 체결하고, 뒤이어 미국, 영국 등과 통상조약을 맺으면서 조선은 본격적인 개항을 하게 된다. 하지만 대다수의 양반들은 여전히 외국과의 교섭이나 통상을 부정적으로 바라봤다.

3　1876년 2월, 군사력을 동원한 일본의 강압으로 체결된 불평등조약이다.

답사의 출발점인 우정국. 조계사 옆에 있으며 현재 전시관으로 활용되고 있다.

그러는 와중에 김옥균을 선두로 하는 소수의 개화파가 자라난다. 이
들은 『열하일기熱河日記』를 쓴 조선의 대표적인 실학자 연암 박지원
의 손자 박규수와 백의정승白衣政丞이라고 일컬어지는 대치 유홍기
로부터 개화사상을 전수받았다.

  김옥균은 당시로서는 드물게 국제 정세에 눈을 뜨고 조선이 나아
갈 길을 구상했다. 하지만 민씨 일파를 비롯한 보수파의 눈에는 철
없는 젊은이들의 경거망동으로만 비쳐졌다. 이들의 반대와 고종의
미지근한 태도로 인해 야심차게 추진한 개화 정책들이 물거품이 되
자 1884년 여름, 김옥균은 이들을 제거할 결심을 한다. 여기에 새로

부임한 일본 공사 다케조에 신이치로가 적극 협력할 것을 약속하자 김옥균은 마침내 혁명을 일으킬 결심을 굳힌다. 그리고 그 무대로 선택한 곳이 바로 우정국이었다.

우정국은 조선이 근대적인 우편제도를 도입하기 위해 1884년에 설립한 관청으로 홍영식洪英植이 책임자인 총판으로 임명되었다. 11월부터 업무를 시작한 우정국은 12월 4일 저녁, 설립을 축하하기 위해 몰려드는 손님으로 떠들썩했다. 총판인 홍영식과 관원으로 임명된 박영효가 나와서 일일이 손님들을 응대했다.

연회에는 고종의 외척인 민영익, 친군 전영사 한규직과 좌영사 이조연을 비롯해서 푸트 미국 공사와 스커더 서기관, 애스턴 영국 영사 등도 참석했다. 외국인 참석자들의 입맛을 고려해 진고개에 있는 일본인 음식점에서 데려온 요리사들이 서양 요리를 대접하게 했다. 테이블에 앉은 손님들은 음식을 먹으면서 담소를 나눴다. 그런데 음식들이 좀 늦게 나왔다. 연회에 참석한 김옥균이 요리사들에게 될 수 있으면 음식을 천천히 내오라고 했기 때문이다.

연회가 열리는 우정국 바깥은 조정 대신들이 거느리고 온 병사와 몸종이 삼엄하게 주변을 경계 중이었다. 연회가 거의 끝나고 후식이 나올 무렵 우정국 북쪽에서 불길이 치솟고 "불이야!" 하는 함성이 크게 일어났다. 뜰에 있던 병사와 몸종은 누군가 "난리가 났다"라고 외치자 개미 떼처럼 흩어져 버렸다.

한밤의 활극

잠시 후 우정국의 담장을 넘은 김옥균을 비롯한 개화파가 앞문을 빠져나갔다. 이들은 '천천히'라는 말을 반복하면서 어둠 속을 달려갔다. 혁명이 시작된 것이다. 우정국을 빠져나온 김옥균 일행이 간 곳은 일본 공사관이었다.

김옥균이 일본 망명 시절에 쓴 『갑신일록甲申日錄』에는 애초 계획과 어긋났기 때문에 기색을 살피러 갔다고 나와 있다. 하지만 이 시점에 일본 쪽에서 발을 뺀다고 해도 계획을 되돌릴 수는 없었다. 왜이런 확인 절차를 거쳤을까 하는 의문은 견지동에 있는 우정국에서 경운동에 있는 일본 공사관을 거쳐 창덕궁으로 가는 경로를 확인하는 과정에서 풀렸다. 직접 걸어 본 결과 일본 공사관을 거쳐 창덕궁으로 가는 가장 빠른 길은 우정국로를 건너서 맞은편의 골목길(현재의 인사동 11길과 10길)을 가로질러 가는 방식이다. 한밤중에 좁은 골목길을 가로질러 가야 한다는 위험이 있긴 하지만 시간은 확실히 단축할 수 있다. 도보로 직접 걸어 본 결과 약 6분 정도 소요됐다.

일본 공사관에 도착한 김옥균은 불을 환하게 밝힌 채 출동 준비를 하고 있는 공사관 경비 중대 병사들을 직접 눈으로 확인한다. 그렇게 일본 공사관 쪽의 준비 태세를 눈으로 확인한 김옥균은 곧장 창덕궁으로 향했다.

이 길을 통해서 창덕궁으로 갔다면 김옥균이 일본 공사관을 방문한 것은 애초에 계획된 행동이었을 가능성이 높다. 즉, 우정국에서 거사를 벌이고, 일본 공사관에 들러서 창덕궁으로 갈 테니 경우궁으로 가라고 통보했을 가능성이 높다는 의미다.

『갑신일록』에는 일본군이 고종의 요청을 받고 경우궁으로 출동했다고 나오지만 조선 측 기록에는 일관되게 경우궁에 이미 도착한 상태였다고 서술하고 있다. 공사관을 나온 김옥균은 삼일로를 따라 북쪽으로 올라가서 운현궁을 지나 안국역사거리에서 동쪽으로 방향을 틀어서 창덕궁으로 향했다. 그곳에는 김옥균의 최종 목표인 고종이 있었다.

창덕궁 근처는 개화파에 가담한 김봉균과 신복모가 수십 명의 부하를 동원해 지키고 있었다. 김옥균, 홍영식, 박영효, 김봉균, 이석이 이 다섯 명은 금호문金虎門[4]을 통해 궁궐 안으로 들어갔다. 관리들과 내관들이 드나드는 문이라 상대적으로 경계도 느슨했고, 수문장과 이미 내통하고 있는 사이였기 때문에 선택한 것으로 보인다.

금호문을 통해 창덕궁 안으로 들어간 김옥균은 숙장문에 도달할 즈음 김봉균과 이석이를 인정전으로 보내서 시간에 맞춰 폭탄을 터

---

4 창덕궁의 돈화문 서쪽에 있는 작은 문. 갑신정변과 관련된 대부분의 기록에는 정문인 돈화문으로 들어간 것으로 나와 있지만 『갑신일록』에는 금호문을 통해 들어갔다고 서술했다.

트리라고 지시했다. 숙장문을 통과하면 대신들이 정사를 논의하는 빈청이 보인다. 빈청을 지나쳐서 북쪽으로 방향을 틀어 희정당 남쪽의 좁은 협양문으로 들어간 김옥균은 희정당 뒤편에 있는 고종의 침전인 대조전에 도달한다.

대조전 앞에 이른 김옥균은 변란이 일어났음을 고한다. 이때 그의 심정은 어떠했을까? 일본 공사관을 지키는 경비 중대 병력과 육군 도야마학교에 유학을 다녀온 사관생도들을 비롯해서 병사들을 다 합쳐 봤자 수백에 불과했다. 게다가 우정국에서 민영익을 비롯한 보수파 대신들을 제거하는 데도 실패했다. 만약 고종을 설득하는 데 실패한다면 돌아오는 건 역적의 오명과 처참한 죽음밖에는 없었다. 하지만 여기서 돌이킬 수는 없는 노릇이었다. 그는 고종이 들어오라는 명령을 내리자 대조전 안으로 들어간다.

고종을 설득하다

운명을 건 담판은 성공한다. 고종이 창덕궁에 있는 것은 위험하니 근처에 있는 경우궁으로 잠시 피하는 게 좋겠다는 김옥균의 설득을 받아들인 것이다.

경우궁으로 잠시 피신한다는 결정이 내려지면서 궁궐 안은 큰 혼란에 빠진다. 고종은 김옥균을 비롯한 개화파 세력과 함께 창덕궁 북서쪽에 있는 요금문曜金門[5]을 통해 창덕궁 밖으로 나간다. 요금문에 도달하기 전에 경추문으로 나갈 수 있었고, 거기서 더 남쪽으로 내려가면 금호문으로도 나갈 수 있었다. 이 두 문을 이용하지 않은 것은 김옥균이 처음부터 고종을 요금문으로 빼낼 생각을 했다는 증거다. 즉, 일본군이 지키고 있는 경우궁에 도착할 때까지는 최대한 조용히 움직일 생각이었던 것이다. 요금문에 도달할 즈음 김옥균은 고종에게 일본군의 보호를 받으려면 일본 공사에게 친서를 보내야 한다고 말한다. 박영효가 종이와 연필을 내밀자 고종은 급히 친서를 쓴다.[6] 요금문을 빠져나온 김옥균과 고종 일행은 목적지인 경우궁에 도착한다.

한 가지 의문점은 갑신정변이 마무리되고 난 이후 조선 정부에서 작성한 글에는 고종이 규장각 서쪽에 있는 영숙문으로 나갔다고 언급했다는 점이다. 현재 창덕궁에는 영숙문이 남아 있지 않다. 하지만 규장각이 금호문과 경추문 사이의 궐내각사에 자리 잡고 있는 점으로 봐서 금호문과 경추문 사이에 있는 문으로 추정된다. 새로

---

5 궁녀나 내시가 병들어 죽기 직전에 내보냈던 문이다. 폐서인이 된 인현왕후도 이 문을 통해 궁궐 밖으로 나갔다.
6 『갑신일록』에는 "일본 공사는 친히 와서 짐을 지켜라"라고 썼다고 했지만 조선 측 기록에는 고종이 부르지 않았다고 상반되게 나와 있다.

쌓은 담장에는 영숙문의 흔적을 찾을 수 없지만 창덕궁1길이 시작되는 곳이 유력하다.

새벽 2시경 요금문 혹은 영숙문으로 나온 김옥균과 고종 일행이 경우궁에 도착할 즈음에는 미리 도착해 있던 일본군이 철통같이 지키고 있는 중이었다. 『갑신일록』에는 고종의 요청을 받고 일본군이 출동했다고 나와 있고, 훗날 다케조에 일본 공사도 같은 주장을 했다. 하지만 조선 측 기록에는 밤 4경, 새벽 1시에서 3시 사이에 경우궁에 고종이 도착했으며, 일본군은 밤 2경, 밤 9시에서 11시 사이에 이미 도착한 상태였다고 나와 있다. 그렇다면 궁궐을 나온 김옥균과 고종 일행은 어느 쪽 길로 경우궁에 도착했을까?

요금문으로 나왔다면 창덕궁 담장을 따라서 남쪽으로 내려오다가 영숙문이 있던 곳으로 추정되는 창덕궁1길에서 서쪽으로 꺾어 이재원李載元의 집 바로 옆에 있는 경우궁에 도착했을 것이다. 금호문 앞에서 오른쪽으로 방향을 틀면 이재원이 사는 집이 있고, 그 옆에 바로 경우궁이 있다. 영숙문으로 추정되는 창덕궁1길의 시작 지점에서 나왔다면 그대로 직진했다가 계동길에서 남쪽으로 꺾어 경우궁에 도착했을 가능성이 높다. 김옥균이 고종과 함께 도착한 경우궁은 정조의 후궁이자 순조의 생모인 수빈 박씨를 모신 사당이었다.

현재는 위치를 알려 주는 표지석만 덩그러니 남아 있는 상태라 정확한 규모를 파악하기는 힘들지만 확실한 건 살아 있는 사람이

경우궁 터를 알리는 표지석. 원서공원에도 경우궁 표지석이 하나 더 있다.

머물기에는 적당하지 않다는 점이다. 게다가 창덕궁을 포기하고 나온 것치고는 위치가 너무 가깝다. 표지석 앞에 서서 창덕궁 쪽을 바라보면 가로수와 건물들 때문에 보이지 않지만 이런 장애물들이 없던 조선시대라면 돈화문 쪽에서 경우궁이 바로 보였을 것이다. 원서공원에도 경우궁 터 표지석이 하나 더 있다. 그 표지석을 기준으로 삼는다면 경우궁은 창덕궁의 지척에 있었다는 것을 의미한다. 김옥균이 경우궁에 온 이유는 단 하나, 일본군과 자신을 따르는 소수의 무리만으로도 통제하기 수월했기 때문이다. 김옥균은 고종을 데리고 이곳에 도착함으로써 첫 번째 목표를 달성한다.

경우궁에 자리 잡은 김옥균은 목표물이 찾아오기를 기다렸다. 우정국 연회에 참석했다가 도망친 좌영사 이조연과 전영사 한규직 그리고 연회에 참석하지 않은 후영사 윤태준이 목숨을 잃은 것을 시작으로, 외아문 독판 민영목, 내아문 독판 민태호, 예조판서 조영하가 차례차례 제거되었다. 비록 민영익을 제거하는 데는 실패했지만 눈엣가시 같던 보수 세력을 하루아침에 제거하고 고종을 사실상 인질로 삼았으니 김옥균의 입장에서는 성공이라고 봤을 것이다.

하지만 그 순간 균열이 찾아왔다. 경우궁은 말만 궁궐이지 위패를 모셔 놓은 사당이라 사람이 거주하기에는 더없이 불편했다. 더욱이 한겨울이라 추위에 시달렸다. 날이 밝자 소식을 들은 백성과 관리가 몰려왔지만 일본군이 출입을 막았다. 김옥균은 찾아온 관리 중 몇 명만 들여보내 정보를 차단하는 한편, 이재원을 영의정으로 하는 새로운 내각을 발표하고 본격적인 개혁 정치를 시작하려고 했다.

하지만 고종이 말썽이었다. 중전 민씨 역시 경우궁이 좁고 춥다면서 환궁을 입에 올리기 시작했다. 그러나 넓은 창덕궁으로 돌아가면 경계도 약해질 수밖에 없고, 일본군이 주둔하는 명분도 약해지기 때문에 피해야만 하는 일이었다. 하지만 첫날 밤의 폭발음 외에는 별다른 사고가 없었고, 바로 코앞에 편한 궁궐을 두고 좁고 추운 경우궁에서 지낸다는 점은 고종의 강한 반발을 일으켰다.

김옥균은 고종의 측근 유재현을 처참하게 죽이는 것으로 반발을 억누르려 했지만 오히려 역효과만 불러왔다. 결국 타협안으로 경우궁 남쪽에 있는 이재원의 집으로 옮겼다. 김옥균은 일이 뜻대로 되지 않자 서둘러 개혁안을 담은 정령政令을 발표할 준비를 한다. 하지만 고종에게 또다시 허를 찔리고 만다. 고종이 일본 공사에게 부탁해서 환궁을 결정한 것이다. 다케조에 공사의 일방적인 통보에 김옥균은 좌절했지만 어쩔 수 없었다.

12월 5일 오후 5시, 어가 행렬은 돈화문을 통해 창덕궁으로 돌아갔다. 이를 바라보던 김옥균의 기분은 어떠했을까? 이재원의 집과 창덕궁은 지척이었으니 이동 시간은 아주 짧았다.

궁궐로 돌아오다

어가 행렬을 따라 창덕궁으로 돌아온 김옥균과 개화파는 고종이 머무는 대조전 바로 옆인 관물헌에 자리를 잡는다. 불안하긴 했지만 일본 공사관 경비 중대 병력이 그대로 따라왔고, 영사들을 제거한 친군영 병력도 장악한 상태였기 때문에 자리를 잡을 때까지 버틸 수 있으리라고 믿었다. 하지만 해가 떨어지고 궁궐의 문들을 닫으려고 할 즈음 갑자기 나타난 청군이 창경궁 쪽에 있는 선인문을 닫지 못하게 방해한다.

청군의 본격적인 등장을 뒤로한 채 혁명의 두 번째 밤은 저물어 갔다. 하지만 아무도 편안하게 잠들지 못했다. 날이 밝자마자 김옥균은 새로 추진할 정책을 담은 14개 항목의 정강政綱을 발표한다. 하지만 창덕궁 바깥의 상황은 시시각각 악화된다. 중전 민씨의 밀명을 받은 심상훈이 청군 수뇌부와 접촉해서 개화파 세력들을 공격할 것을 요청했고, 젊은 위안스카이는 이에 호응한다.

한편 창덕궁 안에서는 다케조에 공사가 돌연 일본군을 철수하겠다고 하는 바람에 김옥균을 놀라게 한다. 청군의 출동에 부담을 느껴서 발을 빼는 것이겠지만 김옥균을 비롯한 개화파 입장에서는 사형선고나 다름없었다. 간신히 철수를 만류하는 데 성공하지만 이번에는 돌연 청나라 사관이 고종에게 알현을 청한다. 김옥균은 일개 사관이 감히 임금을 만날 수 없다며 거절하고 추후 대책을 논의한다.

궁궐 안 무기고에 있는 총들은 모두 녹이 슨 상태였다. 오후에 접어들 무렵 위안스카이가 병사들을 이끌고 오고 있다는 소식이 전해진다. 임금을 알현하겠다는 명목을 내세웠지만 뜻은 명백했다. 오후 2시에서 3시 무렵, 동문과 남문에서 포성이 들리며 청군이 공격을 개시했다. 시인 황현이 쓴 『매천야록梅泉野錄』에는 위안스카이가 날아서 담을 넘어왔다고 하는데 사실은 허공에 총을 쏘고 전각에 불을 지르면서도 직접적인 공격은 하지 않았다. 하지만 이것만으로도 충분했다. 포성이 들리는 순간 친군 병사들은 무기를 버리고 도망쳤고, 중전 민씨는 세자를 데리고 피신한 상태였다. 김옥균을 비롯한 개화파는 후원을 통해 탈출하려는 고종을 간신히 연경당에 붙잡아 뒀다.

고종은 일본군을 따라 제물포로 피하자는 김옥균의 제안을 단칼에 거절한다. 시간이 흐르고 청군과 맞서 싸우던 일본군이 철수한다고 알려 오자 김옥균은 결국 고종과의 이별을 결심한다. 두 사람의 3일간의 동거는 새로운 조선을 만들 수도 있었지만 각자의 꿈이 너무나 달랐다. 그리하여 고종은 북묘北廟[7]로 떠나고 홍영식과 박

연경당의 정문인 정락문.

영교, 사관생도 몇 명도 고종을 따라갔다. 김옥균과 남은 개화파는 관물헌에서 철수한 일본군과 합류해서 북문을 통해 창덕궁을 빠져 나갔다. 꿈이 끝난 것이다.

관물헌과 연경당을 거쳐 북문으로 빠져나오는 데 채 1시간이 걸리지 않는다. 그러나 청군과의 교전을 비롯해서 고종과 헤어지는 과정을 감안하면 북문을 빠져나왔을 때 이미 해가 졌거나 저물어 갔던 게 틀림없다.

운명을 건 모험이 실패로 돌아가다

꿈은 사라졌고, 이제는 살아남는 것이 목표가 되었다. 고종이 떠난 연경당에 남은 건 김옥균과 박영효, 서재필과 서광범을 비롯한 개화파와 다케조에 공사를 비롯한 일본 공사관원들 그리고 무라카미 중대장이 이끄는 일본 공사관 경비 중대 병사들이었다. 『갑신일록』에 따르면 김옥균 일행은 북문으로 탈출했다고 나와 있다.

창덕궁의 북문이라고 부를 수 있는 것은 건무문建武門 하나밖에 없다. 아마 중전 민씨와 세자도 이 문을 통해 북묘로 탈출한 것으로

---

7   1883년 중국 촉나라 장수 관우를 섬기기 위해 건립된 사당.

보인다. 제물포로 가자는 김옥균의 제안을 거절한 고종 역시 이 문을 통해 창덕궁을 탈출했다. 연경당 북쪽에는 인공으로 만든 작은 폭포인 옥류천이 있다. 건무문은 옥류천을 내려다보는 사각형 정자인 태극정에 딸린 농산정 뒤편 언덕 너머에 있다. 옥류천 일대는 창덕궁의 후원 중에서도 경치가 좋기로 소문난 곳이지만 김옥균의 눈에는 아무것도 들어오지 않았을 것이다.

북문을 열고 밖으로 나온 김옥균 일행은 담장을 따라 서쪽으로 움직였다. 이미 해가 진 상태였고, 사방에 청군과 흥분한 백성들이 있는 상태라 한시라도 빨리 움직여야만 했다. 오르막길이라 며칠 동안 제대로 쉬지 못한 김옥균에게는 버거운 걸음이었을 것이다. 다행히 오르막길은 금방 내리막길로 변한다. 창덕궁의 담장을 따라 한참 달리던 김옥균의 눈에 동료들과 함께 모여서 거사 계획을 짜던 백록정이 보였다. 바로 옆에는 그의 손에 죽은 민태호가 세운 취운정이라는 정자도 있었다. 이곳에서 잠시 숨을 돌린 김옥균은 남쪽으로 방향을 잡았다.

곧장 내려가서 사흘 전 혁명의 부푼 꿈을 꾸게 만들었던 경우궁과 계동궁, 현재의 안국역사거리를 지나면 일본 공사관이 있던 천도교 중앙대교당까지는 직선으로 약 1.3킬로미터 거리다. 성인 남자가 걸으면 약 20분 정도, 뛰어가면 10분 안팎의 이 거리는 김옥균에게 삶과 죽음을 가로지르는 선과 다름없었다. 해가 짧은 겨울이라 적과 아군도 잘 구분되지 않았다. 사력을 다해 달려가는 동안 김옥균은 누군가 자기를 알아보거나, 청군이 매복하고 있지 않을까 두려워했을 것이다. 다행히 백성들은 그를 알아보지 못했거나 일본군 때문에 가까이 접근하지 못했고, 청군의 매복도 없었다.

하지만 일본 공사관 앞에서 마지막 위기를 겪는다. 일본 공사관에 남아 있던 수비 병력이 김옥균 일행을 적으로 오인해서 사격을 가한 것이다. 사상자가 발생했지만 김옥균은 무사했다. 겨우 일본 공사관 안으로 들어간 김옥균은 굳게 닫히는 문을 보면서 자신의 꿈이 종말을 맞이했다는 것을 뼈저리게 느꼈을 것이다. 북문으로 나와 공사관까지 도착하는 데 걸린 시간은 대략 30분에서 1시간 정도로 추정된다. 이 당시의 일을 기록한 김옥균의 『갑신일록』은 현재 위작설이 강력하게 대두되고 있다. 위작이 아니라고 해도 당시 일본에서 망명 생활을 하던 김옥균이 모든 진실을 밝혔다고 보기는 어렵다. 하지만 『갑신일록』의 제일 마지막 부분에 남긴 문장만큼은 그의 진심이 담겨 있다고 믿고 싶다.

이 뒤의 일은 기록할 만한 것이 없다.

김옥균의 손아귀에서 탈출한 고종은 북묘로 가서 중전 민씨, 세자와 합류한 다음 청군 진영에서 며칠 동안 머물렀다가 환궁했다.

근대화를 향한 꿈 - 갑신정변

고종을 따라갔던 홍영식과 박영교를 비롯한 사관생도들은 호위하던 군사들의 손에 목숨을 잃었다. 김옥균을 비롯해서 일본 공사관으로 탈출한 개화파는 다음 날 탈출에 성공하여 제물포에서 일본으로 망명하는 데 성공한다. 서재필을 비롯한 젊은 개화파들은 미국으로 다시 건너갔다. 김옥균은 십 년간의 망명 생활 끝에 1894년, 상해에서 자객 홍종우에게 목숨을 잃는다. 일본으로 탈출하지 못한 가담자들은 모두 체포당해 처형되었고, 가족들 역시 처형당하거나 자살했다.

갑신정변은 당대의 지식인들로부터 무모했다는 비난을 받았다. 갑신정변에 가담했다는 의심을 받아서 곤욕을 치르고 결국 조선을 떠나야 했던 윤치호의 말을 빌리자면 정변 이후에는 개화의 '개' 자도 말하지 못하는 분위기가 되었다고 한다. 갑신정변 진압을 통해 청나라의 내정간섭은 극에 달했고, 조선은 자주적인 개화와 개혁을 추진할 만한 동력을 상실했다. 결국 조선은 갑신정변 이후 한 세대가 지나기도 전에 일본의 식민지로 전락하고 말았다.

우정국을 비롯한 갑신정변의 주요 무대는 모두 창덕궁 주변에 있다. 개화파인 김옥균과 홍영식, 박영효는 물론 보수파인 민영익의 집도 모두 북촌 일대에 모여 있다. 현장을 둘러보면 그들만의 게임이자 싸움이었다는 생각을 지울 수 없다. 갑신정변은 피지배층이 아닌 지배층에서 기존 체제에 도전했다는 점에서 1825년 12월에 러시아에서 일어난 '데카브리스트의 난'과 유사하다. 민중과 손잡지 못했기 때문에 실패했다는 것 역시 비슷하다. 데카브리스트의 난에 가담한 러시아의 청년 장교들이나 김옥균을 비롯한 개화파 세력은 안정과 쾌락이 보장된 삶을 뿌리치고 운명을 건 모험에 나섰다. 비록 실패로 끝나기는 했지만 그들의 존재는 역사가 어떻게 전진하는지 보여 주는 슬픈 사례라고 할 수 있겠다.

취운정

북문

창덕궁

금호문

일본 공사관

우정국

어떻게 돌아봐야 할까?

우정국에서 출발해 길 건너 인사동11길과 10길을 거쳐 일본 공사관이 있던 천도교 중앙대교당으로 들어간다. 그리고 민가다헌(경운동 민병옥 가옥) 옆의 작은 출입구로 들어가 삼일로 쪽에 나 있는 정문으로 나간다.

천도교 중앙대교당 정문으로 나와 운현궁이 보이는 쪽으로 가면 안국역사거리가 나온다. 여기서 안국역 3번 출구 쪽으로 건너 창덕궁으로 방향을 바꾼다. 3번 출구에서 조금만 걸어가면 횡단보도를 넘어가기 전에 김옥균이 고종을 모신 '경우궁 표지석'이 보인다. 돈화문 왼쪽으로 돌아가면 『갑신일록』에서 김옥균이 고종을 데리고 나오다가 일본 공사에게 도움을 요청하는 글을 쓰라고 했던 요금문이 바로 뒤에 보일 것이다.

다리가 아프면 정류장에서 기다렸다가 종로01번 마을버스를 타고 가다가 북촌로에 있는 안국선원 삼거리에서 하차하면 된다. 여기서 길 건너편에 있는 종로02번 마을버스를 타고 감사원까지 올라가면 된다. 여기서 오른쪽 오르막길로 가면 종로02번 정류장에서 백록정 표지석을 볼 수 있고, 와룡공원으로 올라가는 길에 취운정 표지석을 볼 수 있다. 우정국에서 도보로 걸으면 두 시간 정도 소요된다.

● 갑신정변 이동 경로

우정국 – 일본 공사관(현 천도교 중앙대교당) – 창덕궁 금호문 – 금천교 – 진선문 – 숙장문 – 협양문 – 대조전 – 요금문 혹은 영숙문 – 경우궁 – 계동궁(이재원의 집) – 창덕궁 – 관물헌 – 연경당 – 북문 – 취운정 – 일본 공사관

나라를 구하러 가다
서울진공작전

1908년 1월 25일

찬 바람이 훅 불어오면서 나뭇가지와 바위에 붙은 눈이 망우리고개로
날아갔다. 바위 뒤에 엎드려 서울 쪽을 노려보고 있던 허위許蔿는 얼
굴에 붙은 눈을 손으로 비벼 녹였다. 50대 중반의 나이로는 견디기 힘
든 추위였지만 잠시도 긴장을 늦출 수 없었다. 동대문에서 30리쯤 떨
어진 망우리고개에는 허위가 이끄는 300명의 의병들이 군데군데 포
진해 있었다. 강화 진위대[1] 부교 출신인 연기우延起羽가 다가와서 조
심스럽게 물었다.

---

1   1895년 지방의 질서 유지와 변경 수비를 위해 설치된 최초의 근대적 지방 군대.

"아직입니까?"

허위는 고개를 돌려 뒤쪽을 바라봤다. 구불구불한 길과 눈 쌓인 언덕이 눈에 들어왔다. 허위가 대답 대신 한숨을 쉬자 연기우가 입김으로 손을 녹이면서 말했다.

"대체 언제 나타날지 모르겠습니다. 이러다 왜놈들이 먼저 모습을 드러내면 어쩌죠?"

"일단 기다려 보세. 놈들이 오면 싸워야지 어쩌겠나?"

"그것도 나쁘지 않겠습니다그려."

연기우는 계급장을 떼어 낸 대한제국군 외투의 옷깃을 펼쳐 목덜미를 감싸며 씩 웃었다. 허리에는 커다란 가죽 허리띠를 두르고 권총을 찼다. 군인 출신인 연기우의 합류는 평생 글공부만 하던 허위에게 큰 힘이 됐다. 허위는 을미년에 김천에서 처음 의병을 일으켰을 때가 떠올랐다. 의기가 가득했지만 경험 부족으로 제대로 싸우지 못하고 관군에게 패했다. 허위는 그 일로 현실은 책과 다르다는 사실을 뼈저리게 느꼈다. 그럼에도 싸워야 한다는 사실은 변함이 없었다.

의병을 해산시킨 후 허위는 관직에 올라 전력을 다 했지만 나라는 계속 기울어 갔다. 결국 허위는 일본의 침략을 규탄하는 격문을 발표하고 친일 세력인 일진회一進會에 저항하는 단체를 세웠다. 허위의 이런 행동이 위험하다고 판단한 통감부[2]는 헌병으로

하여금 그를 체포하게 했다. 일본의 갖은 협박과 회유에도 허위는 결코 굴복하지 않았다. 결국 석방되긴 했지만 관직에서 쫓겨나 낙향해야만 했다.

러일전쟁이 끝나고 일본이 을사늑약乙巳勒約을 체결하며 외교권을 박탈하고 통감부를 설치했다는 소식이 전해지면서 울분에 찬 세월을 보내던 허위는 다시 움직이기 시작한다. 전국을 돌면서 의병들을 규합하는 와중에 일본에 의해 대한제국 군대가 해산되는 사건이 벌어진다. 서울에서는 군대해산에 반대한 박승환朴昇煥 참령이 자결하면서 군인들이 총을 들며 봉기했고, 원주와 강화도 일대의 진위대도 해산을 거부한 채 무기를 들고 의병에 가담했다. 강화 진위대 소속이었던 연기우도 해산령을 듣고서 총을 들고 허위의 부대로 합류했다.

"무슨 생각을 그렇게 하십니까?"

연기우의 물음에 허위는 하얀 입김을 내뿜으며 웃었다.

"잠깐 예전 생각을 했네."

"하긴, 군사장께서는 왜놈들을 연전연파하시지 않았습니까?"

연기우의 말대로 해산된 군인들이 합류한 이후로 허위의 의병 부대는 크고 작은 전과를 거뒀다. 철원읍을 공격해서 점령한 다음 우편취급

---

2 일본이 을사늑약을 체결한 뒤 한성부에 설치한 정치·군사 관련 업무를 보는 관청.

소장을 비롯해 일본인 여럿을 처형했다. 포천에서는 일본군과 교전하기도 했다. 안현읍을 점령해서 일진회 회원들을 총살했고, 다시 철원읍을 공격해서 우편취급소를 불태워 버리고 일본 순사와 친일파들을 사살하는 전과를 올렸다. 하지만 계속된 승리에도 상황은 나아지지 않았다.

"아무리 싸워서 이기면 뭐 하나."

차갑게 말한 허위는 보이지 않는 서울 쪽을 바라보며 덧붙였다.

"적의 목을 베어 버리지 못하면 아무리 이겨도 소용이 없어."

그 이야기는 13도 창의군을 일으킨 이인영李麟榮이 입에 달고 다니는 말이기도 했다. 원주에서 군사를 일으킨 이인영은 전국 각지의 의병들이 힘을 합쳐 적의 소굴인 서울을 공격해 통감부를 박살 내야만 이번 싸움에서 이길 수 있다고 말했다. 그의 뜻에 동조한 허위는 한참 어린 나이임에도 불구하고 이인영을 총대장으로 추대하고 자신은 군사장의 직책을 맡았다. 그 후 일본군과 교전을 거듭하면서 이곳까지 왔다.

"후속 부대만 온다면……."

원주 진위대 특무정교 출신인 민긍호閔肯鎬나 동학군 출신의 제천 의병장 이강년李康秊이 와 준다면 서울까지 진격할 수 있을 것 같았다. 하지만 며칠 동안 연락이 끊겨 불안했다. 지평에서 일본군의 공격을 받고 흩어진 이후 양주로 재집결해야 했지만 일본군이 또다시 공격해 오면서 발목이 잡힌 것 같았다. 무엇보다 이인영이 이끄는 본진의 움직임이 너무 느린 것이 불안했다.

"일단 물러나서 본진을 기다리시겠습니까?"

연기우의 물음에 잠시 고민하던 허위는 고개를 저었다.

"앞으로 나아가기가 힘들어. 뒤로 물러났다가는 이곳으로 다시 못 올지도 모르네."

연기우는 불만에 찬, 하지만 납득한다는 표정을 지었다. 그때 앞으로 나아가 동태를 살피던 김규식金奎植이 달려오는 게 보였다. 연기우처럼 대한제국군 출신인 그는 부위로 복무하다가 의병에 가담한 인물이었다. 달려오는 모습이 뭔가 심상치 않다고 생각한 순간, 총성이 들리고 김규식이 나뒹굴었다.

"적이다!"

연기우가 권총을 뽑아 들며 외치자 여기저기 흩어져 있던 의병들이 몸을 숨긴 채 총을 겨누었다. 비틀거리며 일어난 김규식이 길 옆 도랑으로 숨는 걸 본 허위는 안도의 한숨을 쉬었다. 그때 서울 쪽에서 일본군이 새까맣게 몰려오는 게 보였다. 카키색 코트에 붉은 줄이 들어

간 군모를 쓴 일본군이 긴 총검을 꽂은 소총을 겨눈 채 다가오고 있었다. 권총을 뽑아 든 연기우가 나직이 말을 내뱉었다.

"최소한 아군의 두 배는 되는 것 같습니다. 속히 퇴각해야 합니다."

허위도 이를 잘 알고 있었지만 차마 물러나라고 말하지 못했다.

"어떻게 여기까지 왔는데……."

"지금은 물러나야 합니다. 그래야 다시 이곳으로 올 수 있습니다."

연기우의 외침 사이로 일본군이 쏘아 대는 총소리가 들렸다. 여기저기 숨어 있던 의병들이 반격했지만 수적으로 불리한 상황이라 어쩔 수 없었다. 허위는 주먹을 불끈 쥔 채 서울 쪽을 바라봤다.

"조금만 더 가면, 정말 조금만 더 가면 도착할 수 있는데……."

"군사장!"

허위에게 말을 걸려고 하던 연기우가 어깨에 총탄을 맞고 옆으로 쓰러졌다. 놀란 허위가 다가가자 연기우가 중얼거렸다.

"물러나십시오, 어서!"

허위는 눈물을 머금은 채 의병들에게 외쳤다.

"퇴각하라!"

일본을 몰아내기 위해 일어난 을미의병

아무리 왜놈들이 강성한들,
우리도 뭉치면, 왜놈 잡기 쉬울세라.

아무리 여자인들, 나라 사랑 모를소냐.
아무리 남녀가 유별한들, 나라 없이 소용 있나.

우리도 의병 하러 나가 보세.
의병대를 도와주세.

금수에게 붙잡히면 왜놈 시정 받들소냐.
우리 의병 도와주세.

우리나라 성공하면 우리나라 만세로다.
우리 안사람 만만세로다.

이 노래는 여성 독립운동가 윤희순이 지은 〈안사람 의병가〉다. 가
사에 왜놈들의 침입을 막기 위해 남녀노소 힘을 합쳐 의병들을 도
와야 한다는 절박함이 잘 드러난다. 20세기 초, 조선 사람들은 생전

처음 겪는 상황과 맞닥뜨린다. 나라가 남의 손에 넘어갈 위기에 처한 것이다. 아니, 이미 넘어간 상황일 수도 있었다. 우리는 교과서에서 조선이 일본의 식민지가 된 것은 1910년이라고 배운다. 하지만 1905년 을사늑약으로 외교권이 사라지고 통감부가 설치되었을 때나 1907년 군대가 해산되었을 때를 실질적인 멸망으로 보는 경우도 많다.

특히 1907년의 군대해산은 국가의 마지막 보루라고 할 수 있는 군대가 해산되었다는 것에서 많은 사람이 충격과 분노를 드러냈다. 군대해산은 뜻하지 않은 나비효과를 가져왔는데, 바로 크게 꺾인 의병들의 기세를 다시 올려 준 것이다. 한말에 접어들면서 단발령으로 대표되는 개화 정책에 대한 반발은 심각했다. 특히 성리학을 신봉하던 지방 유림들은 단발령과 더불어 서구 문물을 크게 경계했다. 정확히는 그 뒤에 숨어 있는 일본의 야심을 간파했던 것이다.

일본은 조선의 지배권을 놓고 청나라와 벌인 전쟁에서 승리한다. 청나라와 일본이 싸웠지만 전쟁터는 조선이었다. 일본은 전쟁이 벌어지기 전에 경복궁을 공격해서 고종과 중전 민씨를 포로로 잡는 만행을 저지른다. 이때 경복궁을 공격한 일본군 지휘관 중 한 명인 오시마 요시마사가 최장수 일본 총리인 아베 신조의 고조부라는 사실은 역사가 눈에 보이지 않는 거대한 그물처럼 엮여 있다는 것을 보여 준다.

경복궁을 점령하고 고종을 포로로 잡은 일본은 친일 내각을 출범시킨다. 청일전쟁을 원활히 진행하면서 승리 이후 전리품으로 조선을 손쉽게 차지하기 위해서였다. 하지만 청나라와의 전쟁에서 이긴 후 뜻밖의 상대와 마주친다. 바로 러시아다. 러시아는 얼지 않는 항구를 손에 넣기 위해 조선을 탐내고 있었는데, 일본이 이를 몽땅 차지할 것 같자 독일, 프랑스와 손잡고 이에 끼어든다. 아직 세 나라, 특히 러시아와 맞서기에는 힘이 부족하다고 느낀 일본은 한 발 뒤로 물러난다. 그걸 본 고종과 중전 민씨는 일본을 몰아낼 카드로 러시아를 선택한다.

하지만 일본은 전쟁을 벌이면서까지 차지하려 했던 조선을 쉽게 포기하지 못한다. 결국 을미사변乙未事變이라는 전무후무하고 참담한 짓을 저지른다. 궁궐에 침입해 그 나라의 왕비를 살해하고 시신을 불태워 버리고서, 임금과 세자를 협박해 인질로 삼은 것이다. 일본은 이 일을 조선인끼리의 내부 소행으로 돌리려고 했다가 궁궐에 있던 외국인들의 증언 덕분에 어쩔 수 없이 일본인들의 범행이라는 점을 인정해야만 했다.

일본이 궁궐을 유린했다는 사실에 분노한 유림들은 의병을 일으킨다. 을미년에 일어났기 때문에 을미의병乙未義兵이라고 불리는 이들은 주로 지방 유림들이 주축이 되었으며, 여기에 농민과 사냥꾼 등이 합세했다. 유인석을 비롯해 주로 충청도에서 활발하게 의병이 일어났고, 경기도에서 봉기한 의병은 한때 남한산성을 점령하기까지 했다. 포수가 많은 강원도에서도 영월 등지에서 의병이 봉기해 춘천을 공격하며 기세를 떨쳤다. 경상도에서도 의병이 일어나 안동과 대구 등지를 공격하면서 관군과 치열한 교전을 펼친다.

하지만 1896년 2월, 고종이 유폐되어 있던 경복궁에서 정동에 있는 러시아 공사관으로 극적 탈출하는 아관파천이 일어나며 상황이 변한다. 일본 세력이 물러나고 고종이 직접 의병에게 해산하라는 명령을 내리자 양반 신분인 의병장들은 모두 무기를 내려놓는다. 그것으로 한말 첫 번째 의병 봉기인 을미의병이 막을 내린다.

두 번째 의병은 10년 후인 1905년 을사년에 등장한다. 을사늑약이 체결되자 이에 반발한 의병들이 전국적으로 봉기한다. 여전히 주축은 최익현 같은 유림들이었지만 신돌석 같은 평민 의병장은 물론, 머슴 출신의 안규홍 같은 의병장들이 등장한다. 이것은 일본의 침략에 대한 반발과 위기감이 커지고, 신분제가 차츰 해체되어 갔음을 보여 준다. 의병 구성원도 농민부터 포수, 해산된 구식 군인, 동학농민운동에 참여했던 동학교도까지 다양해졌다.

을사의병의 대표적인 전투로는 홍주성 전투를 꼽는다. 민종식이 이끄는 의병대가 홍주성을 공격해 일본군을 몰아내고 점령하는 데 성공한다. 더불어 증원부대로 온 일본군과 치열한 교전을 벌이면서 의병대는 막강한 전투력을 과시한다. 하지만 일본군과 관군의 협력에 큰 피해를 입으면서 기세가 꺾이고 만다. 그러다 1907년 정미년에 뜻밖의 사건이 나비효과처럼 불어닥친다.

1907년, 고종은 을사늑약의 부당함을 알리기 위해 네덜란드 헤이그에서 열리는 만국평화회의萬國平和會議에 밀사를 파견한다. 밀사로 지목된 평리원[3] 검사 출신 이준은 부산으로 가서 배를 타고 당시 해삼위海蔘威라고 불리던 블라디보스토크로 향한다. 그곳에서 몇 년 전 간도로 망명해서 서전서숙[4]을 운영하며 저항 활동을 하던 이상설과 합류해 시베리아 횡단열차를 탄다. 두 사람이 향한 곳은 당시 러시아의 수도였던 상트페테르부르크였다. 그곳에는 을사늑약 이후 귀환 명령을 받고도 버티고 있던 주러 공사 이범진과 그의 아들 이위종이 남아 있었다. 20대 초반의 이위종은 어린 시절부터 외국 생활을 해서 외국어에 익숙했기 때문에 헤이그 밀사단에 반드시 필요했다. 상트페테르부르크에서 만난 세 사람은 베를린을 거쳐 헤이그에 도착한다. 하지만 일본의 방해와 열강의 외면으로 원하는 성과를 거두지는 못한다.

한편, 고종이 보낸 밀사가 헤이그에 나타났다는 소식을 들은 초대 통감 이토 히로부미는 벌컥 화를 낸다. 그리고 고종을 전격적으

---

3 대한제국 때 재판을 맡아보던 중앙관청.
4 1906년 만주 용정에 설립된 민족 교육기관.

로 퇴위시킨다. 한발 더 나아가 고종이 양성한 시위대[5]와 진위대를 해산시키기로 한다. 해산 명령을 받고 시위대 제1연대 제1대대장인 박승환 참령이 자결하자 병사들은 일제히 무기를 들고 저항에 나선다. 이로 인해 서울에서 하루 종일 치열한 시가전이 벌어지고, 일본군 공격에 큰 피해를 입은 시위대 병사들은 서울을 탈출한다.

　서울을 벗어난 시위대 병사들은 각지로 흩어져서 의병대에 가담한다. 서울뿐만 아니라 원주, 강화도, 진주 등지에서도 해산 명령을 거부한 진위대 병사들이 무기를 탈취해 의병대로 속속 합류한다. 수천 명의 군인이 가담하면서 의병대의 전투력은 한결 나아진다. 그들은 체계적인 훈련을 받았으며 무엇보다 일본군과 비슷한 볼트액션 소총[6]을 가지고 있었고, 탄약도 나름 충분했다. 그때까지 의병대의 주력 무기가 임진왜란 때 도입된 조총이라는 점을 감안하면 정말 혁신적인 변화였다. 든든한 지원군을 얻은 의병들은 마침내 이 혼란을 끝낼 전쟁을 구상한다.

5　대한제국의 핵심 부대로 황실 호위와 서울 방어를 담당했다.
6　노리쇠를 당겨서 탄환을 장전하고 배출하는 방식의 소총.

승리의 기본 원칙은 적의 역량을 소모시켜 전쟁을 계속할 의지를 꺾어 버리는 것이다. 그래서 국가 간 전쟁 시 상대 국가의 수도를 빠른 시간 내에 점령하려고 한다. 수도라는 상징성과 더불어 그곳에 있을 각종 물자와 교통망을 파괴하면 상대방을 굴복시킬 수 있기 때문이다. 당시 각지에서 봉기한 의병들은 고향을 근거지로 삼아 일본군과 관군으로 구성된 토벌대와 교전했다. 하지만 이런 방식의 전투는 한두 차례의 승리는 거둘지 몰라도 결정적인 승리를 가져올 수는 없었다. 토벌대는 한 번의 전투에서 패배하더라도 다시 추가 병력을 보낼 수 있었기 때문이다.

 따라서 의병들이 서울을 공격해 점령한다면 조선에서 일본을 아예 몰아내는 것이 가능했다. 이전의 의병들은 인원이나 무기가 부족했기 때문에 엄두도 내지 못했지만 1907년 군대해산 이후로 이를 시도하려는 움직임이 많아졌다. 특히 진위대가 합류하면서 전력이 강력해진 원주 지역 의병들이 주축이 되어 진행했다. 핵심 인물은 원주에서 봉기한 관동 창의대장 이인영과 원주 진위대 특무정교 출신 의병장 민긍호 그리고 경기도를 활동 무대로 하고 있는 전직 관리 허위였다. 모두 해산 군인들과 적극적으로 손을 잡거나 혹은 아예 해산 군인 출신이라는 공통점이 있다.

각지의 의병들을 규합해서 서울로 쳐들어간다는 이인영의 계획은 1907년 가을, 전국의 의병들에게 힘을 모으자는 격문檄文을 보내는 것으로 시작한다.

　군대를 움직이는 가장 중요한 원칙은 고립을 피하고 힘을 모으는 것이다. 따라서 각 도의 의병들이 모여 둑을 무너뜨리는 기세로 서울로 돌입하면 천하에 우리 것이 안 되는 것이 없고, 문제를 해결하는 데 유리해질 것이다.

　애초의 작전은 1908년 10월 20일에 동대문 밖에서 집결해 서울을 공격하기로 계획됐다. 하지만 의병들이 집결하는 시간이 연기되고 만다. 이인영의 격문을 받은 각지의 의병들은 속속 지평으로 집결한다. 허위, 이강년, 민긍호 등이 주축이 되었는데 지평 일대에 집결한 의병들은 수천 명에 달해서 벌판을 가득 메우고, 산에도 가득 들어찰 지경이었다고 전해진다. 이인영은 이렇게 집결한 부대를 13도 창의군이라고 부르면서 본격적인 서울 공격 계획을 짠다. 몇 차례 지휘부를 개편하면서 조직을 정비하고, 격문을 대한매일신보사를 비롯한 언론사와 각국 영사관으로 보내 서울진공작전의 정당성을 알리는 한편, 자신들이 국제법상 정당한 교전단체라는 점을 알리는 데 노력한다.

현재 삼산리에는 당시 전투를 알려 주는 표지석이 세워져 있다.

하지만 정보를 입수한 일본군이 선수를 친다. 서울에서 출발한 부대와 원주에서 출발한 부대가 합류한 토벌군이 1907년 11월 7일, 지평에 머물고 있던 의병대를 공격한다. 지평 동쪽의 구둔치고개에서 시작된 교전은 삼산리 일대에서 치열한 전투로 이어진다. 이틀에 걸쳐 싸웠지만 대포까지 동원한 일본군의 공격에 200여 명의 전사자를 낸 의병들은 일단 퇴각한다.

지평에서 물러난 의병들은 여러 부대로 나뉘어 양주로 이동한다. 하지만 의병들의 집결을 막기 위한 일본군의 방해가 거세지면서 각

나라를 구하러 가다 − 서울진공작전

지에서 교전을 벌인다. 1908년 1월에 접어들면서 각지의 의병들은 속속 양주에 도착한다. 그리고 1908년 1월 25일, 마침내 13도 창의군의 군사장 허위가 이끄는 선발대 300명이 동대문 밖 30리 지점까지 진출한다. 대략 망우리고개 일대인데 다른 의병대가 일본군과의 교전 등으로 제때 도착하지 못하면서 고립무원孤立無援 상태에 빠지고 만다. 이때 일본군이 선제공격을 가하면서 허위의 선발대는 큰 피해를 입고 물러나야 했다. 그 과정에서 허위의 부하였던 김규식과 연기우 등이 부상을 입고 일본군에게 체포당한다.

> 군사장 허위는 13도 창의군의 선봉을 이끌었다. 이인영은 각 도의 의병들에게 작전 지역으로 합류할 것을 지시한다. 허위는 스스로 300명의 의병을 이끌고 동대문 밖 30리에 이르렀으나, 다른 의병들이 도착하지 못한 상태에서 일본군의 공격을 받는다. 허위는 분전하였으나 적의 저항이 거세지자 퇴각하고 말았다.

송상도가 집필한 『기려수필騎驢隨筆』[7]에 있는 관련 내용이다. 다른 기록들도 대개 같은 내용을 담고 있다. 동대문 밖 30리 지점이면 예전에는 서울 밖이었지만 현재는 중랑구로 편입되어 있다. 근처 망

---

7 조선 말기부터 1945년 8·15광복까지 애국지사들의 사적에 관해 기록한 책.

하늘을 향해 뾰족하게 솟은 13도 창의군탑.

우리공원에는 13도 창의군탑이 있어 당시의 상황을 전해 주고 있다. 경의중앙선 양원역 2번 출구로 나와서 망우로87길을 따라 쭉 내려와 언덕을 넘으면 망우로와 만난다. 그곳에서 왼쪽으로 방향을 틀어서 걷다 보면 길 건너편에 망우치안센터가 있는데 그 옆의 길로 들어서면 커다란 운동장이 보인다. 쭉 걸어가면 운동장 끝에 하늘을 향해 뾰족하게 솟은 조형물인 13도 창의군탑을 볼 수 있다.

조각상, 표지석, 안내판 등과 함께 있는 기념탑 앞에 서면 그날 허

나라를 구하러 가다 – 서울진공작전

위가 느낀 안타까움이 살짝이나마 전해진다. 이제 조금만 더 가면 서울인데 일본군의 공격에 발이 묶여 꼼짝도 못 하고 있는 상황이 얼마나 고통스러웠을지 말이다. 그렇다면 다른 의병대는 왜 합류하지 못했을까? 일단 일본군의 거센 공격으로 자유롭게 이동하지 못하면서 시간이 소모됐다. 군인 출신인 민긍호가 이끄는 의병대는 계속된 교전으로 피해가 누적된 상태였고, 이강년의 의병대 역시 발이 묶여 있었다. 따라서 각 부대는 이인영이 격문에서 그렇게 피하고 싶었던 고립된 상태에 놓였고, 결국 각개격파를 당하고 만 것이다.

이후 13도 창의군은 재집결하려고 하지만 돌발 상황이 벌어진다. 13도 창의군을 이끌고 있던 이인영이 부친상을 이유로 의병대를 이탈한 것이다. 그러면서 허위에게 모든 지휘권을 넘겨주지만 구심점을 잃은 13도 창의군은 뿔뿔이 흩어진다. 그 후 의병들은 서울을 공격하는 작전을 다시는 펼치지 못한다. 통감부의 회유와 일본군의 강력한 토벌 작전에 밀려 세력이 약해진 것이다.

큰 고비를 넘긴 일본군은 1908년, 남한대토벌작전을 펼치면서 의병들과 그들에게 협조적인 백성들을 무차별로 학살한다. 큰 피해를 입은 의병들은 북쪽의 두만강과 압록강을 건너 간도로 이동하면서 독립군의 모태가 된다. 패배했지만 포기하지 않았고, 물러났지만 좌절하지 않았던 의병들의 저항이 기나긴 고통의 시간 끝에 결국 광복으로 이어졌다는 점을 잊지 말아야 한다.

허위의 길 왕산로

그때 허위가 오지 못했던 서울에 지금은 그의 길이 있다. 왕산이라는 그의 호를 딴 왕산로인데 동대문구 시조사삼거리에서 청량리역과 제기동역을 거쳐 신설동역오거리까지 약 3.2킬로미터의 길이다. 의병들을 이끌고 서울로 진격하던 허위는 올 수 없었지만 후대의 역사가 그를 이곳으로 이끌어 준 것이다.

　왕산로를 걷기 위해서는 지하철 1호선을 이용하는 게 좋다. 회기역 1번 출구로 나와서 이문로를 따라 시조사삼거리로 가면 길이 시작된다. 떡전교사거리를 거쳐 청량리역과 제기동역 그리고 신설동역까지 표지판을 따라 쭉 걸으면 된다. 경동시장을 비롯해 볼거리

왕산로는 허위의 호를 따서 지은 이름이다.

가 많은 곳이지만 허위와 13도 창의군을 기념하는 표지석이나 안내판이 하나 정도 있었으면 하는 아쉬움이 남는다.

어떻게 돌아봐야 할까?

원래대로라면 양평군 삼산리부터 시작해야 한다. 그러나 현실적인 여건을 감안하면 경의중앙선 양원역 근처에 있는 13도 창의군탑을 본 다음 지하철을 타고 회기역으로 이동해 왕산로를 걷는 게 좋다.

걷는 도중에 별다른 표지판이 없지만 그냥 길을 따라 걸으면 된다. 3킬로미터가 넘어 걸으면 50분 정도 걸린다. 다리가 아프면 중간에 지하철을 타도 좋다.

● 13도 창의군 이동 경로
망우리공원 – 13도 창의군탑 – 왕산로

참고 문헌

도서

강문식 외『15세기 조선의 때 이른 절정』민음사, 2014

국방부 군사편찬연구소『한미 군사 관계사 1871~2002』국방부, 2002

권대웅『왕산 허위 : 목숨 바쳐 나라를 사랑한 선비』지식산업사, 2014

김명호『초기 한미관계의 재조명 : 셔먼호 사건에서 신미양요까지』역사비평사, 2005

김영수『미쩰의 시기 : 을미사변과 아관파천』경인문화사, 2012

김옥균·박영효·서재필『갑신정변 회고록』조일문·신복룡 옮김, 건국대학교 출판부, 2006

김종학『개화당의 기원과 비밀외교』일조각, 2017

남경완『거북선 : 신화에서 역사로』랜덤하우스코리아, 2005

류성룡『징비록 : 지옥의 전쟁 그리고 반성의 기록』김흥식 옮김, 서해문집, 2014

문중양 외『17세기 대동의 길』민음사, 2014

민승기『조선의 무기와 갑옷』가람기획, 2019

박재광『화염 조선 : 전통 비밀병기의 과학적 재발견』글항아리, 2009

박은숙『갑신정변 연구』역사비평사, 2005

박은숙『김옥균 역사의 혁명가 시대의 이단아』너머북스, 2011

서울특별시사편찬위원회『서울 2천년사 12 : 조선시대 정치와 한양』서울특별시사편찬위원회, 2013

신채용『조선 왕실의 백년손님 : 벼슬하지 못한 부마와 그 가문의 이야기』역사비평사, 2017

심철기 『근대전환기 지역사회와 의병운동 연구』 선인, 2019

아세아문화사 『갑신정변 관련자 심문 진술 기록 : 추안급국안 중』 박은숙 옮김, 아세
아문화사, 2009

오항녕 『광해군 그 위험한 거울』 너머북스, 2012

이민웅 『임진왜란 해전사 : 7년 전쟁, 바다에서 거둔 승리의 기록』 청어람미디어, 2004

이민원 『명성황후시해와 아관파천』 국학자료원, 2002

이삼성 『동아시아의 전쟁과 평화 2 : 근대 동아시아와 말기 조선의 시대구분과 역사
인식』 한길사, 2009

이순신 『난중일기 : 임진년 아침이 밝아오다』 송찬섭 옮김, 서해문집, 2004

이한우 『태종 : 조선의 길을 열다』 해냄, 2005

임용한 『조선국왕 이야기 1』 혜안, 1998

조원래 외 『한중일 공동연구 정유재란사』 범우사, 2018

조재곤 『그래서 나는 김옥균을 쏘았다 : 조선의 운명을 바꾼 김옥균 암살사건』 푸른
역사, 2005

한명기 『광해군 : 탁월한 외교정책을 펼친 군주』 역사비평사, 2018

한명기 『역사평성 병자호란 1』 푸른역사, 2013

한춘순 『조선전기 정치사 연구』 혜안, 2016

F. A. 매켄지 『대한제국의 비극, 한국의 독립운동』 신복룡 옮김, 집문당, 1999

와다 하루키 『러일전쟁 기원과 개전 1』 이웅현 옮김, 한길사, 2019

논문

계승범 「광해군, 두 개의 상반된 평가」『한국사학사학보』 32호, 2015

계승범 「계해정변(인조반정)의 명분과 그 인식의 변화」『남명학연구』 26호, 2008

김경수 「세조의 집권과 권력 변동」『백산학보』 99호, 2014

김병륜 「임진왜란기 조선 수군의 전술」『이순신연구논총』 31호, 2019

김영수 「아관파천, 1896 : 서울, 도쿄, 모스크바」『사림』 35호, 2010

김종헌 「러시아 외교관 베베르와 아관파천」『역사비평』 86호, 2009

류주희 「태종의 집권과정과 정치세력의 추이」『중앙사론』 20집, 2004

박재우 「김옥균과 갑신정변에 대한 고찰」『영동문화』 9집, 2004

박종평 「명량해전 철쇄설 연원에 관한 연구」『이순신연구논총』 18호, 2012

변도성·이민웅·이호정 「명량해전 당일 울돌목 조류·조석 재현을 통한 해전 전개 재
　　해석」『한국군사과학기술학회지』 14권 2호, 2011

성강현 「군대 해산 과정에서의 서소문전투 연구」『동학학보』 38호, 2016

신성재 「명량해전 연구의 성과와 전망」『한국사연구』 170호, 2015

신효승 「정유재란 초기 조선 수군의 작전 수립과정과 활동」『역사와경계』 88호, 2013

신효승 「1871년 미군의 강화도 침공과 전황 분석」『역사와경계』 93호, 2014

오영섭 「한말 13도창의대장 이인영의 생애와 활동」『한국독립운동사연구』 19권, 2002

왕현종 「1907년 이후 원주 진위대의 의병 참여와 전술 변화」『역사교육』 96호, 2005

이상훈 「이순신 통제사의 조선수군 재건과 고하도 삼도수군통제영」『이순신연구논
　　총』 30호, 2018

이종학 「칠천량 해전의 군사사학적 연구」 『한국군사학논총』 1권 1호, 2012

이현희 「허위의 의병투쟁과 서대문형무소」 『한국민족운동사연구』 29호, 2001

이희환 「동아시아에 떠도는 김옥균 서사: 김옥균 연구의 서설」 『한국문화』 44호, 2008

정희윤 「갑신정변 전후 급진개화파의 일본인식」 숙명여자대학교 교육대학원 석사
　　논문, 2006

제장명 「정유재란 시기 해전과 조선 수군 운용」 부산대학교 대학원 석사논문, 2014

기타

조선왕조실록 : sillok.history.go.kr

국사편찬위원회 한국사 데이터베이스 : db.history.go.kr

스토리 답사 여행

ⓒ 정명섭, 2020

초판 1쇄 발행일 2020년 9월 28일
초판 2쇄 발행일 2021년 6월 1일

지은이   정명섭
펴낸이   정은영
편집   김정택 최성휘 정사라
마케팅   최금순 오세미 박지혜 김하은 김도현
제작   홍동근

펴낸곳   (주)자음과모음
출판등록   2001년 11월 28일 제2001-000259호
주소   (04047) 서울시 마포구 양화로6길 49
전화   편집부 (02)324-2347, 경영지원부 (02)325-6047
팩스   편집부 (02)324-2348, 경영지원부 (02)2648-1311
이메일   jamoteen@jamobook.com

ISBN 978-89-544-4486-6 (44080)
     978-89-544-3135-4 (set)

이 도서의 국립중앙도서관 출판예정도서목록(CIP)은 서지정보유통지원시스템
홈페이지(http://seoji.nl.go.kr)와 국가자료공동목록시스템(http://www.nl.go.kr/kolisnet)에서
이용하실 수 있습니다. (CIP제어번호: CIP2020037820)